Balisee
Kayangan
Anyar
Gili-Inseln
Senaru
Tanjung
Sembalun
Pemenang
Danau Segara Anak
Gunung Rinjani
Taman Nasional Gunung Rinjani
Senggigi
Lombok-straße
Lombok
Seiten 168–189
Mataram
Sweta
Masbagik
Südwestliche Gili-Inseln
Lembar
Praya
Alas-straße
Penujak
Tangjung Luar
Senkol
Tanjung Ringgit
Gerupuk
Indischer Ozean
0 Kilometer 100
N

INSPIRIEREN / PLANEN / ENTDECKEN / ERLEBEN

BALI

& LOMBOK

DK Vis-à-Vis

BALI

& LOMBOK

INHALT

BALI & LOMBOK ENTDECKEN 6

BALI & LOMBOK ERLEBEN 60

REISE-INFOS 190

Links: *Ganesha-Statue mit Blumenkette und Opfergabe im Tempel Pura Petitenget bei Seminyak* (siehe S. 79)
Vorhergehende Seite: *Lagune im Zentrum von Candi Dasa* (siehe S. 138f)
Umschlag: *Pura Ulun Danu Bratan am Bratan-See* (siehe S. 166)

BALI & LOMBOK
ENTDECKEN

Sonnenaufgang am Gunung Rinjani

WILLKOMMEN IN BALI & LOMBOK

Sonnenverwöhnte Strände, faszinierende Naturwunder, eine reiche Kultur und Geschichte ...
Was auch immer Ihre Reise nach Bali und Lombok beinhaltet, unser Reiseführer ist der perfekte Begleiter.

1 Canang Sari, *Blumenopfer der Hindus auf Bali*

2 *Gunung Batur auf Bali bei Sonnenaufgang*

3 *Indonesisches Hühnchen-Satay*

4 *Bunte Schirme an einem Strand in Lombok*

Die beiden Nachbarinseln im indonesischen Archipel wurden zu Recht als Paradies bezeichnet. Balis Strände mit weichem Sand, fischreichem Wasser und weltberühmter Brandung brauchen kaum vorgestellt zu werden. Das Inselinnere ist nicht minder verlockend. Hier sind die Berge in üppigen Dschungel gehüllt, und in den alten Vulkankrater schimmern heute Seen statt Lava. Obwohl Lombok oft zugunsten des westlichen Nachbarn übersehen wird, hat es auch eine Fülle an Naturschönheiten zu bieten, von den idyllischen Gili-Inseln bis zum Mount Rinjani, einem aktiven Vulkan.

Beide Inseln sind zwar nur 35 Kilometer voneinander entfernt, doch die kulturellen Unterschiede zwischen dem hauptsächlich hinduistischen Bali und dem eher islamischen Lombok sind enorm. Auf Bali finden Sie tolle internationale Restaurants, Shopping und Nightlife in Seminyak, vegane Cafés in Canggu und Museen und Heiler in Ubud. Wenn Sie es lieber ruhiger haben, fahren Sie nach Senggigi und Kuta auf Lombok. Auf beiden Inseln locken bunte Märkte zu einem Bummel oder entspannende Massagen in einem Spa.

Wir haben beide Inseln für Sie in Regionen unterteilt, die auf den folgenden Seiten einzeln beschrieben werden. Jede Region hat eine eigene Farbe, sodass Sie sich leicht zurechtfinden. Egal ob Sie nur einen Zwischenstopp machen oder länger bleiben, dieser Reiseführer ist Ihr idealer Begleiter.

LIEBENSWERTES BALI & LOMBOK

Die beiden wunderschönen Inseln haben eine ungeheure Vielfalt zu bieten, vom tropischen Klima und der Küche über die freundlichen Menschen, Kunst und Kultur bis zu den herrlichen Stränden und Naturwundern.

1 Königsdenkmäler Gunung Kawi

Balis schönes »Tal der Könige«, alte, in Stein gehauene Schreine, erreicht man von oben her über Reisterrassen mit Blick auf den Fluss Pakerisan *(siehe S. 110)*.

2 Natur und Tierwelt

Die atemberaubenden Naturlandschaften der Inseln – Vulkane, Regenwälder, Seen, Schluchten, Reisfelder, Klippen und Strände – bergen eine reiche Flora und Fauna.

3 *Gamelan*-Musik

Besuchen Sie auf Bali eine Aufführung der *Gamelan*-Musik mit schweren Bronzegongs, Bambuspfeifen, Metallofonen, Trommeln, Zimbeln und Flöten.

4 Pura Luhur Uluwatu

Hoch oben auf einer Klippe über dem Ozean leuchtet der balinesische Tempel aus dem 11. Jahrhundert im Sonnenuntergang – ein unvergesslicher Eindruck *(siehe S. 66f)*.

Trekking am Gunung Batur 5

Machen Sie die morgendliche Tour zum Gipfel des Vulkans Gunung Batur mit seinem Kratersee und genießen Sie den Sonnenaufgang hinter dem mächtigen Gunung Agung *(siehe S. 120f)*.

Wunderbare Spas 6

Die Wellness-Industrie floriert auf Bali und Lombok und bietet traditionelle und moderne Behandlungen, die Körper und Geist erfrischen *(siehe S. 38f)*.

Tauchen vor Nusa Penida 7

Das klare Wasser vor Nusa Penida mit ihrem Reichtum an Korallen, Schildkröten, Haien, Rochen und Sonnenbarschen lockt Taucher aus aller Welt an *(siehe S. 88f)*.

Lomboks Gili-Inseln 8

Wussten Sie, dass es mehr als ein Dutzend Gili-Inseln gibt? Besuchen Sie Trawangan, Meno und Air *(siehe S. 174–177)* oder die »geheimen« südwestlichen Gilis *(siehe S. 189)*.

9 Kunst und Kultur in Ubud

Sei es nun Tanz, Musik, Schauspiel, Malerei, Schnitzerei oder Weberei – Kultur in jeder Form liegt den Balinesen sehr am Herzen, und ihr Epizentrum ist Ubud *(siehe S. 96–101)*.

10 Bali-Aga-Dorf Tenganan

Das Leben in diesem bezaubernden, 700 Jahre alten Dorf, wo Künstler mit alten Techniken Körbe und Stoffe herstellen, ist von Riten und Zeremonien geprägt *(siehe S. 130f)*.

Seafood in Jimbaran 11

Wer Seafood liebt, der muss nach Jimbaran Bay. Am weißen Sandstrand steht eine ganze Reihe einfacher Hütten, wo Fangfrisches köstlich zubereitet wird *(siehe S. 82f)*.

Strände an Balis Halbinsel Bukit 12

Entlang der Halbinsel Bukit findet man kleine idyllische Buchten vor hohen Felsen und weißgoldene Sandstrände, an denen die bei Surfern so beliebten Wellen auslaufen.

BALI & LOMBOK
AUF DER KARTE

Die beiden Inseln Bali und Lombok wurden in diesem Reiseführer in fünf Regionen unterteilt, vier auf Bali und die Insel Lombok. Jede Region hat eine eigene Farbe, wie auf der Karte ersichtlich.

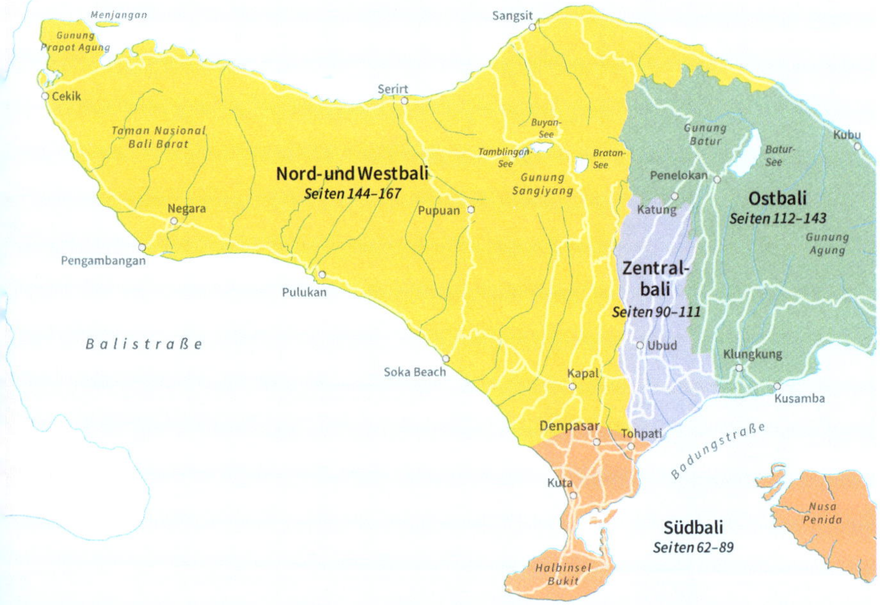

Südostasien

Balisee
Amed
Sangsit
Lombok-
straße
Gili-Inseln
Kayangan
Anyar
Senaru
Tanjung
Sembalun
Pemenang
Danau
Segara Anak
Gunung
Rinjani
Taman Nasional Gunung Rinjani
Senggigi
Lombok
Seiten 168–189
Mataram
Sweta
Masbagik
Südwestliche
Gili-Inseln
Lembar
Praya
Alas-
straße
Penujak
Tangjung Luar
Senkol
Tanjung Ringgit
Gerupuk
Indischer Ozean
N
0 Kilometer
100

DIE REGIONEN VON BALI & LOMBOK

Bali und Lombok bieten für jeden etwas. Ganz egal, ob Sie sich vor allem für die geschichtliche Entwicklung und Kultur interessieren, die Schönheit der Natur und die bunten Feste bewundern wollen, sich beim Trekking, Tauchen, Surfen oder Yoga sportlich betätigen oder am liebsten einkaufen, gut essen oder einen Kochkurs machen - legen Sie los!

Seiten 62 – 89

Südbali

Weiße Sandstrände, lauschige Buchten und ein umfangreiches Angebot an Unterkünften, eleganten Hotels und Resorts machen Südbali zu einer guten Wahl. Ein Highlight ist die Halbinsel Bukit mit ihrer zerklüfteten Küste, hohen Klippen und den Wassersportmöglichkeiten. Uluwatu am südwestlichen Zipfel der Halbinsel ist wegen des auf einer Klippe stehenden Tempels und der guten Wellen für Surfer bekannt. Auf den eher unbekannten Nusa-Inseln im Osten beeindruckt eine prächtige Natur.

Entdecken
Strände, Wassersport, Shopping

Sehenswert
Pura Luhur Uluwatu

Genießen
Seafood und herrliche Sonnenuntergänge

Seiten 90–111

Zentralbali

Zentralbali ist vor allem durch Gemeinden geprägt, in denen traditionelles Kunsthandwerk zu Hause ist, sowie durch Quellentempel, Reisterrassen, Schluchten und üppigen Dschungel. Auf zahlreichen Touren kann man die althergebrachten Anbaumethoden erleben, in der Königsstadt Ubud, Balis künstlerischem und kulturellem Zentrum, Museen, einen Palast, den Markt und einen Affenwald besuchen. Lassen Sie sich von den täglichen Tanzvorführungen unterhalten, laufen Sie durch die Wälder oder entspannen Sie Körper und Geist in einem Yoga-Zentrum.

Entdecken
Kunst und Kultur, Yoga

Sehenswert
Ubud, Museum Puri Lukisan, Bali Bird Park

Genießen
Besuch einer traditionellen Tanzaufführung

Seiten 112–143

Ostbali

Das beschauliche Ostbali mit seinen ruhigen Stränden und dem kristallklaren Wasser ist eine erholsame Alternative zum Trubel in den Touristenzentren. Hier befinden sich einige der bedeutendsten balinesischen Königspaläste, Wassergärten und alten Dörfer. An einem klaren Tag dominiert der Gunung Agung, Balis höchster und heiligster Vulkan, die Skyline. Im Nordosten erhebt sich Balis meistbestiegener Vulkan, der Gunung Batur, mit Blick auf den Batur-See in der besonders fruchtbaren Region Kintamani.

Entdecken

Schnorcheln, Tauchen, Touren durch Reisfelder und in die Berge

Sehenswert

Tempelanlage Besakih, Gunung Batur, Pura Ulun Danu Batur, Klungkung, Taman Gili, Bali-Aga-Dorf Tenganan

Genießen

Ein Sonnenaufgang auf dem Gunung Batur

Seiten 144–167

Nord- und Westbali

Die Region ist abgelegen, wenig besucht und zeichnet sich durch eine unberührte, wilde Schönheit und das undurchdringliche Naturschutzgebiet Taman Nasional Bali Barat aus. Weiter östlich liegt Balis gebirgiges Seengebiet mit herrlichen Quellentempeln, spektakulären Wasserfällen und Regenwäldern. Surfer zieht es an die Strände mit schwarzem Sand und rauen Wellen, während Taucher und Naturbeobachter die ruhigen Gewässer an der Nordküste lieben, wo Delfine und im Nationalpark viele exotische Tiere zu sehen sind.

Entdecken

Wanderung durch die Wälder, Beobachtung von Vögeln und Wildtieren

Sehenswert

Taman Nasional Bali Barat, Singaraja, Pura Meduwe Karang, Pura Taman Ayun

Genießen

Delfinbeobachtung in Lovina

Seiten 168 – 189

Lombok

Lombok wird dominiert vom mächtigen Gunung Rinjani und ist gesäumt von einzigartigen Stränden, malerischen Buchten, winzigen paradiesischen Inseln und Korallenriffen. Es ist das ideale Ziel für Sportler, die sich an den besten Wellen Indonesiens versuchen oder im Nationalpark Rinjani wandern und versteckte Wasserfälle entdecken wollen. Taucher und Partygänger werden die nordwestlichen Gili-Inseln lieben, während die eher ruhigen südwestlichen Gili-Inseln zum Relaxen einladen.

Entdecken
Trekking, Schnorcheln und Tauchen, Surfen

Sehenswert
Taman Nasional Gunung Rinjani, Gili-Inseln

Genießen
Bau-Nyale-Festival im Februar oder März

1

2

3

4

←

1 *Reisterrassen im Sidemen-Tal*

2 *Voll konzentriert: Zusammenstellung von Blüten für ein Tempelfest im Bali-Aga-Dorf Tenganan*

3 *Interessant: der Eingang zum Pura Agung Lempuyang Tara Penah*

4 *Lotosteich in Candi Dasa*

Die Inseln Bali und Lombok bieten eine Fülle von Reisemöglichkeiten, von kurzen Aufenthalten an einem einzigen Ort bis hin zu großen Abenteuern in abwechslungsreichen Landschaften. Diese Routen helfen Ihnen, das Beste zu sehen, was dieser schöne Teil der Welt zu bieten hat.

2 WOCHEN
auf Bali

Tag 1
Sie beginnen Ihre Reise in Sanur *(siehe S. 74f)*, erholen sich am goldenen Sandstrand oder versuchen sich in einer neuen Wassersportart (Tel. +62 812 1273 5858). Nach einem Imbiss am Strand schlendern Sie an der Strandpromenade entlang zum Museum Le Mayeur, das in den 1930er Jahren das Studio des belgischen Künstlers Adrien Le Mayeur war. Abends essen Sie in Kayumanis Seaside Restaurant *(siehe S. 75)* und lassen sich von der Meeresbrise kühlen.

Tag 2
Fahren Sie zeitig von Sanur durch das Sidemen-Tal *(siehe S. 137)* 66 Kilometer bis Candi Dasa *(siehe S. 138f)*. Unterwegs frühstücken Sie im Komune Resort *(siehe S. 104)* am schwarzen Sandstrand von Keramas. Weiter geht es über Klungkung, wo Sie Taman Gili *(siehe S. 128f)* und den Textilmarkt besuchen *(siehe S. 126)*, zum Essen im *warung* Organic in Iseh (8 km nordöstlich von Sidemen) mit Blick auf den Gunung Agung. Genießen Sie auf der Fahrt hinunter nach Candi Dasa die spektakulären Ausblicke. Der Tag klingt im Lu Putu (www.luputu.com) aus.

Tag 3
Beginnen Sie den Tag mit einer angenehmen Wanderung nach Bukit Asah, vier Kilometer von Candi Dasa entfernt. Der Blick von dort oben ist bezaubernd. Laufen Sie dann zum schönen Virgin Beach (auch Pasir Putih) *(siehe S. 139)* und essen Sie im Virgin Café am Meer. Den Nachmittag verbringen Sie am Strand, abends essen Sie im Watergarden Café (www.watergardenhotel.com).

Tag 4
Buchen Sie eine Tour durch die herrliche Umgebung von Candi Dasa, etwa bei Paleng (www.palengsbali.com/trekking.html), die im faszinierenden Bali-Aga-Dorf Tenganan *(siehe S. 130–133)* endet. Zurück in Candi Dasa besuchen Sie den Lotosteich, ehe Sie sich mit einer balinesischen Heilbehandlung im Spa Alila *(siehe S. 39)* und einem Abendessen im romantischen Garten des Vincent's (www.vincentsbali.com) belohnen.

Tag 5
Fahren Sie nach Jasri (12 km) und besuchen Sie dort die Schokoladenfabrik Sorga *(siehe S. 140)*. Lassen Sie Platz für ein Gourmet-Mittagessen im Bali Asli (8,6 km nördlich) *(siehe S. 143)*. Bestaunen Sie Architektur und Gärten zweier herrlicher Wasserpaläste: Tirtagangga *(siehe S. 136)* und Taman Ujung *(siehe S. 139)*. Abends essen Sie im *warung* Lesehan Mina Carik (Jalan Ahman Jani, Amlapura).

Tag 6
Nach 21 Kilometern Fahrt erreichen Sie den auf einem Hügel liegenden Tempel Pura Lempuyang *(siehe S. 140f)*. Entweder steigen Sie die 1700 Stufen hinauf oder Sie schauen sich nur den unteren Pura Agung Lempuyang Tara Penah an und bewundern den Blick durch das geteilte Tor auf den Gunung Agung. Weiter geht es nach Amed *(siehe S. 141)* durch eine abwechslungsreiche Landschaft. Schnorcheln Sie nachmittags an einem japanischen Wrack in der Bucht von Lipah. Abends essen Sie im *warung* Enak *(siehe S. 141)*.

→

1

2

3

Tag 7

Frühaufsteher beobachten den Sonnenaufgang über Lombok und die Rückkehr der *Jukung*-Fischerboote. Machen Sie eine Führung zu den fünf heiligen Quellen bei Amed. Nachmittags lassen Sie sich in einem traditionellen Boot an der Küste entlangfahren und abends essen Sie im Sails Restaurant *(siehe S. 141)*.

Tag 8

Fahren Sie 88 Kilometer durch die schöne Vulkanlandschaft an der Küste nach Lovina *(siehe S. 166)*. Essen Sie im Cili Emas Oceanside Resort in Tejaula zu Mittag (www.ciliemas.com) und spazieren Sie dann im Dorf Les durch Papaya- und Ananasplantagen zum Wasserfall Yeh Mempeh *(siehe S. 167)*. Auf der Weiterfahrt besichtigen Sie die Schnitzereien im Pura Dalem Jagaraga *(siehe S. 167)*. Fahren Sie danach durch Singaraja *(siehe S. 150f)*, die ehemalige holländische Hauptstadt, und sehen Sie sich die Lagerhäuser an. Eine 20-minütige Fahrt bringt Sie nach Lovina, wo Ihr Hotel eine morgendliche Delfinbeobachtungstour organisieren kann.

Tag 9

Zur Delfintour vor Lovina müssen Sie zeitig aufstehen, da die Tiere immer am frühen Morgen in der Bucht spielen. Später fahren Sie nach Westen bis Pemuteran (45 km) und besichtigen unterwegs die Weinberge Hatten Wines in Sanggalangit *(siehe S. 163)*. Am Nachmittag schnorcheln oder tauchen Sie in den schönen Korallenriffen bei Pemuteran. Abends essen Sie am Strand im Restaurant Pondok Sari (www.pondoksari.com).

Tag 10

Machen Sie sich früh auf den Weg zum Pura Puncak Manik (5 km), einem schönen kleinen Tempel, der rund um eine heilige Quelle hoch in den Hügeln gebaut wurde. Der Aufstieg über unzählige Stufen wird durch eine großartige Aussicht belohnt. Nach dem Essen in Pemuteran fahren Sie weiter nach Menjangan (12 km), wo Sie den Nachmittag im luxuriösen Menjangan Dynasty Resort (mdr.pphotels.com) verbringen. Die Pools im Pasir Putih Beach Club werden aus natürlichen Heißwasserquellen gespeist – herrliche Entspannung ist garantiert.

4

5

1 Tor im Königstempel Pura Taman Ayun in Mengwi ↑

2 In einem Weinberg in Sanggalangit

3 Delfinbeobachtung vor der Küste von Lovina

4 Bunte Strandbar am Seminyak Beach nördlich von Kuta

5 Der Bali Tower im Menjangan Resort ragt weit über den Nationalpark Bali Barat hinaus

Tag 11

Schnorcheln oder tauchen Sie rund um die Insel Menjangan, die berühmt ist für ihre großartige Unterwasserwelt und das kristallklare Wasser ohne Strömungen. Arrangieren Sie am Nachmittag im Menjangan Resort (www.themenjangan.com) eine Exkursion zu Pferde durch den Taman Nasional Bali Barat *(siehe S. 148f)*. Vor Sonnenuntergang klettern Sie auf den Bali Tower. Der Blick über den Monsunwald, die Berge von Ostjava, Menjangan und die balinesische Landschaft ist es allemal wert.

Tag 12

Buchen Sie eine leichte Tour durch den Nationalpark Bali Barat zur Beobachtung von Vögeln und Wildtieren. Nach dem Essen im Mimpi Resort Menjangan *(siehe S. 163)* relaxen Sie im heißen Heilwasser von Mimpi.

Tag 13

Fahren Sie 136 Kilometer bis Seminyak *(siehe S. 79)*. Unterwegs machen Sie zunächst einen Abstecher Richtung Osten zur Perlenfarm Atlas South Sea in Penyabangan *(siehe S. 163)*. Bei Sererit geht es ins Landesinnere und nach Süden in das spektakuläre Pupuan, wo Sie nach 65 Kilometern Cempaka Belimbing Villas (www.cempakabelimbing.com) in den Reisfeldern erreichen. Auf der Weiterfahrt biegen Sie erst einmal in Mengwi ab und besuchen den Gartentempel Pura Taman Ayun *(siehe S. 154f)*, nach 16 Kilometern ein zweites Mal, um den Tempel Tanah Lot *(siehe S. 156)* zu bewundern. In Seminyak essen Sie abends im Mama San *(siehe S. 78)*.

Tag 14

Nehmen Sie im La Lucciola (Jalan Kayu Aya) am Strand ein köstliches Frühstück ein und besuchen Sie danach die bunten Märkte am Seminyak Square. Nach dem Essen im Taco Beach Grill *(siehe S. 78)* entspannen Sie am Seminyak Beach. Gegen Abend sitzt alle Welt gemütlich am Strand bei angenehmer Musik. Trinken auch Sie an einer der Strandbars einen Sundowner, Cocktail oder Bier. Nach dem Abendessen in der Jalan Petitenget gönnen Sie sich noch einen Champagner im Red Carpet (www.redcarpetchampagnebar.com).

→

1 *Kuta Beach ist gesäumt von stylishen Resorts*

2 *Typische* Songket-*Weberei im Dorf Sade*

3 *Pura Batu Bolong ragt auf einem Felsen ins Meer*

4 *Weiter Blick aus dem Restaurant Ashtari in Kuta*

10 TAGE

auf Lombok

Tag 1

Vom Lombok Airport geht es nach Süden bis Kuta (19 km) an den Strand *(siehe S. 186)*. Dort finden Sie viele Unterkünfte, besonders luxuriös ist das Novotel Lombok (www.novotellombok.com) östlich von Kuta, wo Sie nach zehn Minuten Fahrt ankommen. Nach sechs Kilometern erreichen Sie in nördlicher Richtung das Weberdorf Dusun Sade, wo Sie Stoffe aller Art und Farben finden. Weiter geht es Richtung Süden zur nahen Ashtari Lounge & Kitchen (www.ashtarilombok.com). Gönnen Sie sich einen Drink und lassen Sie die Stimmung und den grandiosen Ausblick auf sich wirken. Oder Sie nehmen an einer Yogastunde im Hof teil. Dann fahren Sie zurück nach Kuta (4 km) und essen im Bush Radio (*(siehe S. 186)*, ehe Sie in der lässigen Surfer's Bar (Jalan Raya Bunutan 1) am Strand einen Cocktail genießen, freitags sogar mit Livemusik.

Tag 2

In 15 Minuten erreichen Sie östlich von Kuta den herrlichen Putri Nyale Beach, wo Lomboks berühmtes Bau-Nyale-Festival *(siehe S. 187)* stattfindet. Am Seger Beach gleich nebenan steht eine Statue der berühmten Prinzessin Mandalika. Nach weiteren sieben Minuten Fahrt nach Westen biegen Sie am Kreisverkehr ab zum Mandalika Beach und fahren zurück zum Novotel Lombok. Genießen Sie in dem stylishen Ambiente ein Mittagessen und fahren Sie dann nach Osten zum Tanjung Aan Beach (4 km) *(siehe S. 186f)*. Die Riffe vor der Küste sind perfekt zum Schnorcheln. Vom Hügel Merese beobachten Sie dann den Sonnenuntergang und gehen im KRNK *(siehe S. 186)* essen.

Tag 3

Fahren Sie zum Mawun Beach (10 km westlich von Kuta) *(siehe S. 187)*. Dort können Sie schwimmen oder Sie fahren weitere neun Kilometer zum Selong Blanak Beach *(siehe S. 188)*, wo sanfte Wellen dazu einladen, das Surfen zu versuchen. Essen Sie im angenehmen Laut Biru Bar & Restaurant (sempiakvillas.com/laut-biru-bar-restaurant) zu Mittag. Chartern Sie dann ein Boot und versuchen Sie, Meeresfrüchte zu fangen. Seien Sie rechtzeitig zurück an Land, um die Büffel zu beobachten, die bei Sonnenuntergang am Wasser entlang getrieben werden. Abends essen Sie im Kampung Café (Jalan Selong Belanak).

Tag 4

Fahren Sie 40 Kilometer nach Norden in das Töpferdorf Banyumelek *(siehe S. 189)* und sehen Sie den Künstlern bei der Arbeit zu. 13 Kilometer weiter nördlich erreichen Sie Mataram *(siehe S. 178f)*. Dort essen Sie und besuchen das Dorf Sekarbela, wo man Perlen kaufen kann. Weitere 18 Kilometer nördlich liegt Senggigi *(siehe S. 180f)*. Laufen Sie zum Pura Batu Bolong, der über eine Felsenbrücke, die sich zum Meer erstreckt, zu erreichen ist. Erkunden Sie Senggigis Strände mit ihren Cafés. Feine Küche bietet das Square Restaurant *(siehe S. 180)*. Zum Abschluss gibt es noch einen Drink am Strand.

→

1

2

3

Tag 5

Fahren Sie nach Norden nach Bangsal und nehmen Sie dort die Fähre zur nächsten der Gili-Inseln *(siehe S. 174–177)*, Gili Air. Erkunden Sie die Insel zu Fuß oder mit dem Rad und essen Sie in einem der vielen Cafés am Strand. Nachmittags gehen Sie schnorcheln, vielleicht entdecken Sie sogar eine Schildkröte. Taucher könnten in Hafennähe gegen Abend eventuell sogar einen seltenen Mandarinfisch sehen. Oder Sie fahren an die Westseite der Insel und beobachten, wie die Sonne hinter dem Gunung Agung auf Bali untergeht. Ein Abendessen in einem gemütlichen Sitzsack in Mowie's Bar (Jalan Gili Air) rundet den Tag ab.

Tag 6

Stehen Sie früh auf, um den Sonnenaufgang über Lomboks Gunung Rinjani zu sehen. Nehmen Sie dann ein kleines Boot nach Gili Meno, zur kleinsten und am wenigsten erschlossenen der drei nordwestlichen Gili-Inseln. Schnorcheln Sie am Blue Coral Point an der Nordostküste, wo ein herrliches Korallenriff wartet, oder halten Sie Ausschau nach Karett- oder Grünen Meeresschildkröten im nordwestlichen Teil der Insel. Dann fahren Sie zur dritten und größten Insel Gili Trawangan. Verbringen Sie den Nachmittag dort in einem Spa oder machen Sie mit Stud Stables einen geführten Ausritt rund um die Insel vor dem Abendessen am Strand.

Tag 7

Mit der Fähre geht's zurück nach Bangsal auf der Hauptinsel und dann 60 Kilometer nach Senaru, dem Tor zum Taman Nasional Gunung Rinjani *(siehe S. 172f)*. Sie fahren in nordöstlicher Richtung entlang der gewundenen Küste von Senggigi bis nach Anyar. Dort biegt die Straße landeinwärts ab nach Bayan. Entlang der von Palmen gesäumten Buchten von Mangsit, Malimbu, Teluk Kodek, Nippah und Teluk bekommen Sie einen guten Eindruck von der Schönheit der Insel. In Bayan, angeblich der Ursprungsort der Wetu-Telu-Religion *(siehe S. 179)*, besuchen Sie Lomboks älteste Moschee, ein vielstufiges Gebäude aus Bambus und Stroh auf einer runden Steinplattform *(siehe S. 182)*. Beziehen Sie Ihre Unterkunft in der Senaru

4

6

5

1 *Der Wasserfall Tiu Kelep bei Senaru* ↑

2 *Typische Straßenszene auf Gili Trawangan*

3 *Abhängen in Mowie's Bar auf Gili Air*

4 *Gunung Agung im Sonnenuntergang*

5 *Spa auf Gili Trawangan*

6 *Schnorcheln vor Gili Meno*

Rinjani Mountain Lodge (www.rinjanilodge.com) mit tollem Bergblick. Nach einem Mittagessen machen Sie mit einer der lokalen Führerinnen eine Tour durch das traditionelle Sasak-Dorf Dusun Senaru mit seinen Gärten und Gewürzpflanzen (www.rinjaniwomenadventure.com). Dies ist das älteste traditionelle Dorf in Lombok, ein lebendes Museum mit grasgedeckten Bambushäusern. Nach dem Abendessen lassen Sie auf der Terrasse des Restaurants die Geräusche der Natur auf sich wirken.

Tag 8

Beobachten Sie den Sonnenaufgang über dem Gunung Rinjani und gehen Sie dann mit einem Führer die ausgetretenen Stufen durch den Tropenwald hinunter zum Sindang Gila, einem 40 Meter hohen Wasserfall. Weiter laufen Sie an einem alten Bewässerungskanal zum rauschenden Wasserfall Tiu Kelep *(siehe S. 183)*. Springen Sie in den Pool am Fuß des Wasserfalls und schwimmen Sie hinter die Kaskade. Die Legende besagt, dass man dabei ein Jahr jünger wird. Planschen Sie dann noch gemütlich in den Jacuzzi-ähnlichen Pools flussabwärts. Nachmittags geht es in einer etwa zweistündigen Fahrt über gewundene Bergstraßen durch eine fantastische Landschaft nach Sembalun *(siehe S. 182)*. Wohnen Sie in einer privaten Unterkunft und erleben Sie das Leben und die authentische Sasak-Bergküche hautnah. Dank fehlender Straßenbeleuchtung ist der unglaubliche Sternenhimmel gut zu sehen.

Tag 9

Heute machen Sie eine geführte Tour durch den Taman Nasional Gunung Rinjani *(siehe S. 172f)*. Entweder Sie besteigen einen Vulkan oder machen die neunstündige Sembalun-Wildblumentour am Aussichtspunkt Savana Propok.

Tag 10

Von Sembalun fahren Sie in drei Stunden zurück zum Flughafen. Halten Sie unterwegs im Weberdorf Sukarara, nur zwölf Kilometer vor dem Flughafen. Hier können Sie noch traditionelle *Songket*-Stoffe kaufen und den Webern ein wenig bei der Arbeit zusehen.

←

1 *Tegallalang: Reisterrassen*

2 *Affen auf einer Statue im Monkey Forest Sanctuary*

3 *Traditioneller Tanz in Puri Saren*

4 *Ein Kunsthandwerker bei der Arbeit*

5 TAGE

in Ubud

Tag 1

Spazieren Sie durch das Monkey Forest Sanctuary *(siehe S. 98f)*, aber halten Sie Hut und Sonnenbrille gut fest! Auf dem Weg zur Jalan Hanoman *(siehe S. 99)* machen Sie eine Pause am netten F.R.E.A.K Café. Rechts biegen Sie ab zum Markt und gehen an der Hauptstraße in westlicher Richtung weiter zu einem Fußweg bei den Abangan Bungalows. Von dort erreichen Sie in 20 Minuten durch die Reisfelder Sari Organic (Jalan Subak Sok Waya) zum Mittagessen. Danach lassen Sie sich zum Sonnenuntergang in das Dorf Petulu (3 km) fahren *(siehe S. 108)*. Etwa um 17:30 Uhr lassen sich dort Tausende Reiher in den Bäumen zum Schlafen nieder. Sehen Sie sich um 19 Uhr in Ubud eine Tanzvorführung im Hof des königlichen Palasts Puri Saren *(siehe S. 96)* an und essen Sie dann in einem *warung* im Zentrum.

Tag 2

Wer Yoga mag, besucht morgens eine Stunde (www.theyogabarn.com). Danach brauchen Sie ein Fahrzeug oder einen Fahrer, um die Höhlen und den Tempel von Goa Gajah *(siehe S. 106)* zu besuchen. Mittags gehen Sie in das Kafe Kawi (im Eingangsbereich von Pura Gunung Kawi) und erkunden dann die Tempel in Tampaksiring (13 km) *(siehe S. 110)*. Abends gehen Sie in die Laughing Buddha Bar im Zentrum von Ubud (laughingbuddhabali.com) mit Livemusik.

Tag 3

Im Neka Art Museum *(siehe S. 98)* bekommen Sie einen Eindruck von balinesischer Kunst. Gehen Sie 500 Meter zum Indus Restaurant (www.casalunabali.com/indus-restaurant) und genießen Sie den Blick übers Tal. Dann geht es weiter zum großartig oberhalb einer Schlucht gelegenen Jungle Fish Pool Club (www.chapung.com), 4,5 Kilometer von Indus entfernt. Den Nachmittag verbringen Sie am Pool und abends gehen Sie in die XL Shisha Lounge (Monkey Forest Road 129), hören Livemusik und rauchen dazu vielleicht selbst eine Shisha.

Tag 4

Buchen Sie einen Guide (wir empfehlen putubalidriver.com) und erkunden Sie in Kintamani die Lavafelder am Gunung Batur *(siehe S. 120f)*. Am Rand des Kraters hat man einen herrlichen Blick in den Vulkan und auf den See. Nach dem Essen besuchen Sie den Tempel Pura Ulun Danu Batur *(siehe S. 122f)*, ehe Sie via Tegallalang *(siehe S. 108)* mit den beeindruckenden Reisterrassen zurück nach Ubud fahren. Trinken Sie unterwegs etwas im Kampung Cafe *(siehe S. 109)* und bummeln Sie durch die unzähligen Kunsthandwerk-Outlets. Den Abend verbringen Sie im Betelnut (Jalan Raya Ubud) bei köstlichen asiatischen Speisen und einem abwechslungsreichen Programm.

Tag 5

Besuchen Sie das Museum Puri Lukisan (www.purilukisanmuseum.com) und die Läden und Galerien im Zentrum. Mittags essen Sie im legendären Murni's Warung *(siehe S. 98)* und geben sich dann der Entspannung im Maya Ubud Spa *(siehe S. 39)* hin (rechtzeitig buchen!). Abends gehen Sie ins Hujan Locale (www.hujanlocale.com) und danach auf einen Cocktail bei Livemusik in die No Mas Bar (www.nomasubud.com).

→

1 *Hindu-Zeremonie am Tempel Ulun Danu Bratan*

2 *Riesenbäume im Dschungel am Tamblingan-See*

3 *Balinesische Kakaobohnen sind mit die besten weltweit*

4 *Wasserfall Munduk, nicht weit vom Dorf Munduk*

3 TAGE

an Balis Seen

Tag 1

Vormittags Nach einer Führung und Verkostung in der Bioschokoladenfabrik Junglegold Bali (www.junglegoldbali.com) in Mengwi fahren Sie nach Baturiti und besuchen den Markt. Machen Sie unbedingt ein Foto Richtung Osten zum Gunung Batur und Gunung Agung. Der kleine Markt am See in Bedugul *(siehe S. 166)* wird von einer Statue aus Mais und Kohl bewacht. Gehen Sie nach links in die Jalan Kebun Raya und essen Sie im Eat Drink Love Café & Art Shop.
Nachmittags Bummeln Sie durch den kühlen Botanischen Garten mit seinen über 2000 Pflanzenarten *(siehe S. 166)*. Zur Abwechslung können Sie dann im nahe gelegenen Sila Agrotourism (www.thesilasagrotourism.com) mit Seilnetzen und Seilbahnen von Baum zu Baum fliegen.
Abends Zurück in Bedugul essen Sie im *warung* Rekreasi am Bratan-See (www.warungrekreasibedugul.com), wo man auch gut übernachten kann.

Tag 2

Vormittags Golfer drehen am frühen Morgen eine Runde im Handara Golf Course (www.handaragolfresort.com), dem weltweit einzigen Golfplatz im Krater eines erloschenen Vulkans. Andere gehen zum Markt Bukit Mungsu (gegenüber *warung* Rekreasi), wo Kunsthandwerk und Souvenirs sowie Früchte und Gewürze angeboten werden. Besuchen Sie unbedingt den Tempel Ulun Danu Bratan *(siehe S. 166)* und probieren Sie beim Strawberry Stop am See (Jalan Raya) die heimischen Erdbeeren. Dann gehen Sie in nordwestlicher Richtung die Hauptstraße den Hügel hinauf. Dort geht es nach links in das Dorf Munduk *(siehe S. 165)*. Der idyllische Weg verläuft am Kraterrand, und man schaut auf die Nordufer der Zwillingsseen Buyan und Tamblingan. Am Wanagiri Hidden Hills & Bali Swing gibt es etliche Aussichtspunkte mit perfekten Fotomotiven. Gehen Sie dann nach Munduk zum The View Restaurant (Jalan Raya Kayu Putih)und genießen Sie bei indonesischen Köstlichkeiten den herrlichen Ausblick.
Nachmittags Ein gemütlicher, circa zweistündiger Spaziergang durch Nelken- und Kaffeeplantagen führt Sie zu dem Becken dreier berühmter Wasserfälle: Munduk, Melanting und Laangan Melanting.
Abends Sie übernachten in Munduk, wo viele Unterkünfte verfügbar sind.

Tag 3

Vormittags Am Südwestufer des Tamblingan-Sees *(siehe S. 165)* lassen Sie sich von heimischen Führern im Kanu über das ruhige Wasser rudern. Besuchen Sie Pura Tahun und andere versteckte Tempel und wandern Sie durch den tropischen Wald. Essen Sie im Ngiring Ngewedang mit tollem Ausblick (www.ngiringngewedang.com).
Nachmittags Laufen Sie die 2,5 Kilometer in das kleine Dorf Munduk Tamblingan und besuchen Sie den Tempel Pura Dalem Gubug am See mit seinem *Meru*-Turm auf einem schmalen Vorsprung. Nehmen Sie den Pfad zurück nach Gubug. Den Rest des Tages verbringen Sie entspannt mit einem kleinen Spaziergang durch die herrliche Landschaft.

Balis Reisfelder

Bali ist berühmt für seine wunderschön modellierten Reisterrassen, die etwa 20 Prozent der balinesischen Landmasse ausmachen. Sie wirken wie riesige, sattgrüne Treppen, die von den Bergen hinunter zum Meer führen. Verständlich, dass diese großartige, von Menschen geschaffene Landschaft auf Tausenden Fotos festgehalten wird.

← *Saftig grüne Reisterrassen erstrecken sich vor dem Gunung Agung*

BALIS UND LOMBOKS WUNDER DER NATUR

Steil in den Himmel ragende Vulkane, tief in enge Schluchten gegrabene Flüsse, schroffe Bergrücken und rauschende Wasserfälle, urzeitliche Krater und Bergseen, deren Wasser die fruchtbaren Ebenen versorgt - die Natur auf Bali und Lombok steckt überall voller Wunder.

Vulkane

Die Tour auf den Gunung Rinjani auf Lombok ist eines der großartigsten Erlebnisse in Indonesien. Eine vierstündige Wanderung über 850 Höhenmeter von Sembalun aus verschafft Ihnen einen großartigen Blick auf Propok – ein Tal mit fruchtbaren grünen Ebenen, umgeben von Bergen und tropischem Wald.

↑ *Mitten im Kratersee des Gunung Rinjani liegt ein noch aktiver Vulkan*

Steile Klippen und Korallenriffe

Steil abfallende Kalksteinklippen sind typisch für die Halbinsel Bukit auf Bali und die Insel Nusa Penida. Algenfarmen bedecken das flache Wasser wie einen Flickenteppich, entlang der Korallenriffe leuchtet das Wasser türkisblau über einer bunten Unterwasserwelt. Die kräftigen Wellen des Indischen Ozeans schaffen hier eines der gefragtesten Surfreviere. Rund um die Gili-Inseln vor Lombok findet man noch viele Korallen, zwischen denen sich Seenadeln, Muränen, Meeresschildkröten und viele andere Meerestiere tummeln.

←

Wie der Schwanz eines Tyrannosaurus Rex: Klippen am Kelingking Beach, Nusa Penida; Meeresschildkröte (Detail)

Schon gewusst?

Auf Bali und Lombok können gut 200 indonesische Vogelarten beobachtet werden.

Wasserfälle

Die spektakulärsten Naturwunder sind ja oft besonders schwer zu erreichen. Um zum Wasserfall Sekumpul in Buleleng in Nordbali zu gelangen, muss man drei Stunden über schlammige Pfade und vorbei an Durian-, Rambutan- und Kaffeeplantagen laufen, über Bäche springen und etwa 100 Stufen hinaufsteigen. Der schöne, 80 Meter hohe Wasserfall besteht eigentlich aus sechs bis sieben schmalen Kaskaden inmitten eines von Bambus bestandenen Tals. Der von zwei Flüssen oberhalb gespeiste Wasserfall ist unter den vielen schönen Fällen der Region der am leichtesten erreichbare.

↑ *Grün überwucherte Felsen am Wasserfall Sekumpul in Nordbali*

◁ Balinesische Küche
Die balinesische Küche gilt als eine der komplexesten der Welt. Mit viel Liebe setzen die Köche frische Zutaten und aromatische Gewürze ein. Geprägt durch indigene Traditionen sowie chinesische und indische Einflüsse unterscheidet sie sich stark von der typischen indonesischen Küche.

Indonesische Gewürze ▷
Typisch für die indonesische Küche sind die vielen frisch gemahlenen und raffiniert gemischten Gewürze, die jedem Gericht etwas ganz Besonderes verleihen. Häufig werden Ingwer, Kurkuma, Galgant, Koriander, Zitronengras und Chilis verwendet, dazu Schalotten, Knoblauch, Lichtnüsse, Pandanblätter und Tamarinden. Die richtige Zubereitung gilt in Indonesien als Kunst und muss lange geübt werden.

BALI UND LOMBOK FÜR FOODIES

Bei Balis zahllosen gastronomischen Angeboten - in Lombok sind es etwas weniger - ist für jeden Geschmack etwas dabei, vom *Kaki-lima*-(Streetfood-) Karren über kleine Straßenrestaurants, sogenannte *warung* oder *rumah makan* (»Esshaus«), bis zu Seafood-Lokalen, veganen Cafés und Gourmetlokalen.

◁ Köstliche Mangostane
Der Geschmack lässt sich nicht beschreiben. Man sagt, er erinnere an zarte Pfirsiche und Muskattrauben. Kein Wunder also, dass die Mangostane als die köstlichste aller indonesischen Früchte gilt. In einer tiefpurpurnen Schale liegen mehrere Segmente reinweißen, weichen und saftigen Fruchtfleisches. Am Fuß der Schale befinden sich Blütenblätter, deren Zahl mit der der Segmente übereinstimmt.

◁ **Seminyak, Balis Foodie-Hauptstadt**

Im 21. Jahrhundert wurde Bali zu einem wichtigen Ziel für Feinschmecker. Am höchsten ist die Konzentration an kulinarischen Angeboten in Seminyak. In Unmengen echt cooler Cafés und hipper Restaurants werden Gerichte aus aller Welt von bekannten Köchen sensationell zubereitet. Gekrönt wird das Erlebnis noch durch die schicke Designereinrichtung. Bon appétit!

Schon gewusst?

Speisefarben werden aus rotem Hibiskus und den grünen Pandanblättern gewonnen.

◁ **Jajan Pasar**

Die traditionellen indonesischen Snacks und Kuchen, *jajan pasar*, werden eher im Dampf gegart als gebacken und unterscheiden sich daher in Beschaffenheit, Geschmack und Aussehen stark von westlichen Kuchen oder Gebäck. Viele der saftigen Köstlichkeiten werden aus Reismehl, Kokosmilch und Palmzucker oder auch aus Maniok, Tapioka oder Sagomehl, gewürzt mit Vanille, Durian und Schokolade, zubereitet. Gefüllt sind sie oft mit Bohnenmus, Käse, Bananen oder Karotten.

Kochkurse

Am besten lernt man die heimische Küche bei einem interessanten, anregenden Kochkurs kennen. Solche Kurse dauern normalerweise einen Vormittag. Dort erfährt man zunächst, wie die grundlegende Gewürzpaste hergestellt wird, anschließend wird ein vollständiges Festmahl zubereitet und dann genüsslich zusammen verspeist. Derartige Kochkurse gibt es auf Bali und Lombok. Empfehlenswerte Schulen sind Bumbu Bali in Tanjung Benoa und Gili Cooking Classes auf Gili Air.

△ **Feuriges Lombok**

Den Namen Lombok könnte man etwa mit »Chili« übersetzen, kein Wunder also, dass bei den Speisen eine Mischung aus exotischen Geschmacksrichtungen, Texturen und Aromen mit kräftigen Gewürzen zu finden ist. Wenn Sie gern schön essen gehen, probieren Sie die authentische Sasak-Küche, aber auch vertraute internationale Gerichte in den Zentren von Kuta, Senggigi und den Gili-Inseln.

Ab auf die Bäume

Springen Sie in Sila's Agrotourism (www.thesilasagrotourism.com), einem Freizeitpark bei Bedugul, von Baum zu Baum. Hängebrücken, Winden, Seile, Netze und Flying-Fox-Ziplines lassen die Besucher den Wald aus luftiger Höhe erkunden. Sie sind kein Fan von großen Höhen? In dem zehn Hektar großen Park gibt es auch ein Riesenrad sowie Quad- und Fahrradabenteuer.

→ *Das bunte Riesenrad in Sila's Agrotourism*

BALI UND LOMBOK FÜR FAMILIEN

Da sie von Wasser umgeben sind, ist es keine Überraschung, dass Bali und Lombok zahlreiche Aktivitäten für abenteuerlustige Familien bieten. Tauchen Sie ins Wasser ein zum Schnorcheln und Schwimmen oder besuchen Sie für einen Dosis Adrenalin einen Themenpark.

Schnorcheln und schwimmen

Viele der himmlisch weißen Strände auf Lombok sind perfekt zum Schwimmen und Schnorcheln im klaren türkisblauen Wasser. Am Mawun Beach *(siehe S. 187)* und dem östlichen Teil des Tanjung Aan Beach *(siehe S. 186f)* liegen geschützte Buchten. Am Senggigi Beach müssen Sie den herrlichen Sonnenuntergang hinter dem mächtigen Gunung Agung verfolgen.

Schnorcheln zwischen Korallen vor Lombok ↑

Freiheit für Schildkröten

Die Grünen und Karettschildkröten, die in den indonesischen Gewässern leben, werden wegen ihres Fleisches, der Eier und Panzer gefangen und sind bedroht durch den Verlust von Brutrevieren und die Wasserverschmutzung. Sie gelten daher als gefährdete Arten. Schildkröten-Rettungsinitiativen auf Bali sammeln die Eier und lassen sie in sicherer Umgebung ausbrüten. Nach dem Schlüpfen werden sie in einem großen Becken gehalten, bis sie groß genug sind, um im Ozean zu schwimmen. Die Bali Sea Turtle Society in Kuta macht zwischen April und Oktober einen wunderschönen Event aus der Freilassung der Schildkröten, bei dem schon Kinder viel über Artenschutz lernen (www.baliseaturtle.org).

←

Babyschildkröten auf dem Weg ins Wasser; Karettschildkröten im Zuchtbecken (Detail)

Expertentipp
Kinder-Surfen

Nachdem sie den Profis auf den Wellen zugeschaut haben, möchten Ihre Kleinen vielleicht selbst surfen. Viele akkreditierte Surfschulen auf der Insel wie Up2U in Kuta (www.up2usurfschool.com) bieten Kurse nur für Kinder an.

Planschen im Waterbom

Der Park Waterbom Bali (www.waterbom-bali.com) auf Bali wurde als der beste seiner Art in ganz Asien ausgezeichnet. Kinder und Erwachsene jeden Alters haben großen Spaß an den vielen nassen Attraktionen. Auf Wasserrutschen wie der 250 Meter langen Constrictor, der Python, Boomerang, Pipeline und Climax werden Höchstgeschwindigkeiten von bis zu 70 km/h erreicht.

→

Sich treiben lassen im lustigen Waterbom Park

Erlebnis Spa

Für die komplette Flucht aus dem Alltag besuchen Sie eines der exklusiven Spa-Resorts auf Bali. Die Behandlungen basieren auf natürlichen heimischen Produkten und Wirkstoffen. Neben der traditionellen balinesischen Massage werden auch Behandlungen wie Ayurveda, Hot-Stone- und Thai-Massagen sowie Barfuß-Shiatsu angeboten. Oder Energiebehandlungen wie Watsu, wo man sanft im Wasser schwimmt und dabei massiert und gedehnt wird, Sitzungen zur Chakra-Balance, Craniosakraltherapie, Reiki und Chi-Nei-Tsang-Massagen. Aktiv werden können Sie bei Yoga, Kampfkünsten und Meditation.

→ *Chakra-Balance am Infinitypool in einem Spa*

WELLNESS
AUF BALI UND LOMBOK

Auf Bali und Lombok finden Sie unzählige Spas, wo Sie entspannen, die Sinne anregen und den Geist beleben können. Neben den Luxus-Spas bieten die meisten Hotels und Schönheitssalons traditionelle und moderne Behandlungsmethoden, die das Wohlbefinden erhöhen.

Heilsames Boreh

Boreh ist ein jahrhundertealtes Heilmittel, das in Balis Dörfern traditionell angewendet wird zur Linderung von Muskelschmerzen und zur Belebung des Geistes nach einem langen Arbeitstag in den Reisfeldern. Warme, kräftige Gewürze wie Sandelholz, Nelken, Zimt, Koriander, Kurkuma und Muskat werden zusammen mit Reispulver zu einer duftenden Paste verrieben und als heilende Maske auf den Körper aufgebracht. Das balinesische Boreh ist eine der luxuriösesten Behandlungen – wunderbar nicht nur wegen der entspannenden, sondern auch der heilenden Wirkung.

→ *Traditionelle indonesische Gewürze zur Anwendung in Spa-Behandlungen*

TOP 3 Spa-Einrichtungen

Spa Alila, Manggis
W alilahotels.com/manggis/spa-alila
In einem Wald mit Blick auf den See, zwei Behandlungsräume.

Maya Ubud Spa
W spaatmaya.com/ubud
Große Anlage mit luxuriösen Räumen und Villen mit der Atmosphäre eines balinesischen Dorfes.

Prana Spa, Seminyak
T +62 811 3861 761
Exotisches Spa mit Anwendungen aus der Zeit der Könige.

↑ *Offener balinesischer Behandlungsbungalow für Massagen*

↑ *Eine entspannende Kopfmassage steigert die Durchblutung der Haut*

Mandi Lulur

Indonesiens berühmte Hautpflege Mandi Lulur stammt aus den Königspalästen in Zentraljava. Das Ritual beginnt mit einer Körpermassage, gefolgt von einem Peeling mit einer duftenden Paste aus Sandelholz, Kurkuma, gemahlenen Nüssen, Reis, Kräutern, Jasmin und anderen exotischen Zutaten. Um die Haut dann wieder zu beruhigen, wird am Ende der Behandlung eine Joghurt-Packung aufgetragen.

Massage

Wenn Sie sich gern massieren lassen, dann sollten Sie ins Jari Menari (deutsch: »tanzende Finger«) gehen, das Filialen in Seminyak und Nusa Dua hat. Das Institut hat schon zahlreiche Auszeichnungen gewonnen, die Männer dort arbeiten mit festem gleichmäßigem Druck und Klopfen und legen den Fokus auf Rhythmus und Flow. Die halb offenen Behandlungsräume neben einem Koi-Teich sind elegant und lichtdurchflossen. Wenn Sie selbst lernen wollen, wie man massiert, können Sie an einem von Jari Menaris Ein-Tages-Workshops teilnehmen (www.jarimenari.com).

Virgin Beach auf Bali

Der Virgin Beach oder Pasir Putih (»weißer Sand«) bei Candi Dasa ist begrenzt durch einen Hain von Kokospalmen, eine grüne Landzunge und eine felsige Klippe *(siehe S. 139)*. Man kann ihn leicht mit dem Auto erreichen, romantischer ist es jedoch, vom Meer her in einem *jukung* (Fischerboot) anzukommen. Infos gibt es bei Paleng's Bali (www.palengsbali.com).

←

Am Virgin Beach kann man Liegen und Sonnenschirme mieten

BALIS UND LOMBOKS STRÄNDE

Möchten Sie Zeit am Strand verbringen? Dann sind Sie hier genau richtig. Machen Sie es sich an einem Sandstrand bequem, mieten Sie ein Surfbrett und stürzen sich in die Wellen oder genießen Sie einfach die Aussicht. Balis Küste bietet eine sich ständig verändernde Farbpalette.

Fotomotiv
Kelingking Beach

Kelingking, Indonesisch für »kleiner Finger«, ist der am meisten fotografierte – und auf Instagram gepostete – Strand. Golden schimmert der Sand an der von türkisem Wasser umgebenen Bucht unterhalb einer hohen Klippe *(siehe S. 33)*. Um hinzukommen, muss man einen steilen Pfad 400 Meter hinunterlaufen, weshalb viele nur von oben fotografieren.

Lomboks Südküsten

Am spektakulärsten sind Lomboks Küsten, die völlig anders wirken als ihre Namensvettern in Bali, vor allem an der Südseite rund um Kuta: vom Wind zerzauste Halbinseln mit weißem und goldenem Sand, getrennt durch Landzungen und felsige Vorsprünge. Die halbmondförmigen Strände von Kuta und Tanjung Aan sind berühmt für ihre großartigen Surfwellen. Bei Ebbe verwandeln sie sich dagegen in flache, türkisblaue Pools *(siehe S. 186f)*.

→

Tropenparadies mit klarem, türkisblauem Wasser: Kuta Beach auf Lombok

Weißer Sand und blaues Meer am Dream Beach auf Nusa Lembongan ↑

Dream Beach, Nusa Lembongan

Auf Nusa Lembongan *(siehe S. 89)* vor Balis Südküste liegt der Dream Beach, ein fantastischer, sichelförmiger Strand mit pudrigem weißem Sand vor einem Mangrovenwald. Auf der Klippe oberhalb befinden sich ein Restaurant, Beach Clubs und Unterkünfte in hübschen hüttenartigen Bauten. Besuchen Sie unbedingt die nahe »Teufelsträne« (Devil's Tear) – einen ausgehöhlten Felsvorsprung, wo die Wellen mit voller Wucht auftreffen und Gischt hoch aufspritzt, nur gehen Sie nicht zu weit nach vorn!

Entdeckertipp
Pink Beach
Der spektakuläre Pantai Tangsi, der pinkfarbene Strand, in Lomboks Südosten ist noch unberührt vom Massentourismus. Korallensplitter, die an den Strand gespült werden und sich mit Sand mischen, geben ihm die Farbe.

Halbinsel Bukit

Auf der Halbinsel Bukit *(siehe S. 82 – 86)* findet man einige der idyllischsten Strände Balis. Viele liegen unterhalb von hohen Klippen und können nur über viele steile Stufen erreicht werden. Die Surfer lieben vor allem Uluwatu, Padang Padang, Impossibles, Bingin, Dreamland, Balangan, Nyang Nyang und Green Bowl – Spitzenstrände, benannt nach den Wellen, die sich auf den flachen Riffen brechen und lange Tubes bilden.

↑ *Hotspot für Surfer: der Strand in Uluwatu auf der Halbinsel Bukit; Surfer bei Padang Padang* (Detail)

▷ Kunstmärkte
Bali ist bekannt für die vielen lebhaften Kunstmärkte. Meist steht eine ganze Reihe kleiner Stände in einer halb offenen Anlage. Andere wie der riesige Kunstmarkt Kumbasari in Denpasar *(siehe S. 70)* sind in einem festen Gebäude untergebracht. Auf jeden Fall drängen sich überall Verkäufer, Käufer, Kunstwerke und Kunsthandwerk, und es wird erwartet, dass heftig gestikulierend gehandelt wird.

BALIS UND LOMBOKS KUNSTHANDWERK

Die Kunst ist in Bali und Lombok untrennbar mit dem kulturellen und religiösen Leben in den Gemeinden verbunden. Egal ob darstellende Künste, Malerei oder Kunsthandwerk, sie alle haben einen sehr hohen Stellenwert. Manche Kunstformen sind nur in einzelnen Dörfern in Bali und Lombok zu Hause.

△ Die Kunst des Batikens
Beim Batiken, einer alten indonesischen Kunstform, zeichnet man Muster mit Wachs auf einen Stoff, der dann gefärbt wird. Die Stellen, wo Wachs aufgetragen ist, nehmen keine Farbe an, nach dem Entfernen des Wachses bleibt das Muster sichtbar. *Batik tulis* sind Muster, die mit einer wachsbefüllten Feder aufgetragen wurden, man kann aber auch Stempel verwenden.

Internationale Nachfrage

Die reiche künstlerische Tradition in Bali führte zur Entwicklung von lebhaftem Handel mit Kunsthandwerk. Der Verkauf in örtlichen Kunstläden und auf Märkten, aber auch der weltweite Export sichern vielen Balinesen ein Einkommen. Angeboten werden einfacher Schmuck, Kleidung, Schnitzereien und Bilder, aber auch schöne und seltene Sammlerstücke.

▽ Steinkunst

Auf Bali werden die unterschiedlichsten Steinskulpturen produziert, deren Stil von Dorf zu Dorf variiert. Die oft sehr aufwendig gestalteten Objekte werden in Tempeln, aber auch an Gebetsstätten zu Hause aufgestellt. Tore repräsentieren für Gläubige den Übergang von der inneren zur äußeren Welt und sind deshalb besonders reich verziert. Zentrum der Steinmetzkunst ist das Dorf Batubulan *(siehe S. 102)*.

△ Schnitzerei

In Balis Schnitzerdörfern wie Mas *(siehe S. 105)* und Tegallalang *(siehe S. 108)* ist überall das Hämmern und Feilen der Arbeiter zu hören, die im Schneidersitz inmitten großer Holzteile sitzen. Mit vielen kleinen und scharfen Werkzeugen bearbeiten sie kunstfertig das Holz und schaffen Bilder, Masken und herrliche Ornamente.

▷ Töpferei

Das Töpfern ist vor allem in Lombok weitverbreitet. Dort werden Krüge, geschmückte Platten, Unterteller, Vasen oder Lampen hergestellt. Die in Banyumulek *(siehe S. 189)* produzierte Töpferware ist eher schlicht, in Masbagik hat man sich auf besondere geometrische Muster spezialisiert, und in Penujak *(siehe S. 185)* findet man vor allem Gefäße mit Tiermotiven.

◁ Natürliche Materialien

Aus natürlichen Fasern und Materialien wie Pandanblättern, Rattan, Bananenblättern, Bambus, Wurzeln und Gräsern oder Knochen, Kokosnussschalen oder Büffelhorn werden zahlreiche praktische sowie dekorative Gegenstände gefertigt und mit Ornamenten verziert. Es gibt sogar Dosen und Schiffsmodelle ganz aus Nelken.

Im Wasser

In Tanjung Benoa auf Bali *(siehe S. 82)* wird einfach alles angeboten: von Wakeboarding, Jetskiing, Parasailing und Kajakfahren bis zur Fahrt mit dem Bananenboot und dem Flying Fish – einem von einem Speedboat gezogenen Schlauchboot, das in die Luft steigt. In Lombok kann man in Senggigi *(siehe S. 180f)* oder auf den Gili-Inseln *(siehe S. 174–177)* aktiv werden.

←

Tandem-Parasailing ist vor allem in Tanjung Benoa auf Bali sehr beliebt

BALIS UND LOMBOKS ABENTEUER

Rund um Bali und Lombok können Sie alle erdenklichen Arten von Wassersport ausprobieren: Surfen, Segeln, Tauchen und vieles mehr. Oder Sie steigen im Inland auf Vulkane, raften durch tiefe Schluchten oder springen mit Schirm von den steilen Klippen.

Canyoning

Die vielen Flüsse auf Bali und Lombok fließen durch tief eingeschnittene Täler. Beim Canyoning, das von professionellen Guides angeboten wird, bewegen Sie sich flussabwärts und müssen Felsenstufen, Wasserfälle und natürliche Rutschen überwinden, sich abseilen und schwimmen. Gute Canyoning-Routen findet man bei Bedugul und Kintamani in Bali und beim Dorf Gumantar in Nordlombok. Die einfachste Tour dauert etwa eineinhalb Stunden, schwierigere auch mal drei bis vier Stunden. Canyoning (www.canyoning.id) und Adventure & Spirit (www.adventureandspirit.com) organisieren Expeditionen.

→

Balis wilder und beeindruckender Beji Guwang Hidden Canyon, Sukawati

Fotomotiv
Energiestrom

Der Wasserfall Tiu Kelep bei Senaru auf Lombok mit seinem steten Strom strahlend weißer Energie macht sich auf Fotos ganz fantastisch *(siehe S. 183)*.

Am Gunung Rinjani

Wenn Sie Ihren inneren Schweinehund überwinden und eine physische und mentale Herausforderung suchen, dann sollten Sie den Aufstieg auf den geheimnisvoll-schönen Gunung Rinjani *(siehe S. 172f)* auf Lombok wagen. Die unvergessliche Tour, bei der Sie im Kratersee am aktiven, rauchenden Vulkankegel des Gunung Baru schwimmen und in einem Zelt am steilen Kraterrand übernachten, dauert drei Tage und zwei Nächte (www.climbmtrinjani.com).

→

Übernachten im Zeltlager auf dem Weg zum Gunung Rinjani, Lombok

Hoch in der Luft

Der schönste Platz zum Paragliden ist Balis Timbis Beach. Buchen Sie einen Tandemflug mit Bali Paragliding (www.baliparagliding.com) und schweben Sie entlang der Küste des Indischen Ozeans an den Klippen entlang. Von Mai bis Oktober blasen die südlichen Winde vom Ozean her und ermöglichen Flüge von bis zu zwölf Kilometern.

←

Paragliding über dem Indischen Ozean vor Timbis Beach auf der Halbinsel Bukit

Rafting

Genießen Sie die Spannung beim Raften auf dem Ayung und Telaga Waja auf Bali, durch Dschungel, Schluchten, Wasserfälle und vorbei an Reisterrassen. Tourguides von Wira Rafting (www.raftingbali.net) geben eine Einführung und navigieren Sie dann sicher über Strudel und Stromschnellen. Wenn Sie es besonders wild mögen, sollten Sie während der Regenzeit fahren (Okt–Apr).

→

Spaß und Spannung bei einer Wildwasserfahrt in der Ayung-Schlucht in Ubud, Bali

Canang Sari

Tägliche Opfergaben an die Götter sind im Leben der Balinesen selbstverständlich, und man sieht sie überall. Wenn Sie eine Straße entlanggehen, fallen Ihnen bestimmt die kleinen, aus Palmblättern gefertigten Schalen auf, die auf der Straße oder auf Stufen abgelegt werden. Diese *canang sari* werden zweimal täglich mit einem Gebet sowohl vor Wohn- und Geschäftshäusern als auch vor Tempeln Schreinen und Statuen und sogar an Straßenkreuzungen abgelegt und sollen vor Unfällen schützen.

→ *Schalen aus Palmblättern mit den typischen* Canang-sari-*Opfergaben*

BALIS UND LOMBOKS BRÄUCHE UND RITUALE

Einblicke in die einzigartige Kultur und die Bräuche auf Bali und Lombok bekommt man auf verschiedenste Weise. Kaufen Sie am Nachtmarkt ein, gehen Sie in ein Museum, sehen Sie Tanz- und Musikaufführungen oder religiöse Hindu- und Sasak-Zeremonien an und besuchen Sie die Dörfer.

Ein Sasak mit seiner Gendang-beleq-*Trommel in Lombok* ↑

Gendang Beleq

Die einzigartige Musik auf Lombok, *gendang beleq*, ist ein wichtiger Bestandteil der dortigen Kultur. Bei großen Festen und Zeremonien sind die bunt gekleideten Musiker zu beobachten, die mit ihren Trommeln und anderen Instrumenten tanzen und marschieren.

Schöne Aussicht
Reisterrassen

Das Dorf Jatiluwih *(siehe S. 160)* mit seinen fantastischen Reisterrassen ist ein UNESCO-Weltkulturerbe, weil dort die traditionelle balinesische Anbauweise bewahrt wird.

Expertentipp
Schöne Tanzdarbietungen

Aufführungen für Touristen dauern 90 Minuten und sind nicht schlechter als die religiösen Tänze, denn einige der besten Tänzer und Musiker der Insel spielen auch für Besucher. In vielen Hotels finden jeden Abend Vorführungen statt. Auch beim jährlichen Bali Kunstfestival *(siehe S. 52)* werden viele Tänze und Schauspiele gezeigt.

Tanzvorführungen

Der Ursprung des balinesischen Tanzes liegt in Trance-Ritualen und javanischen Theaterformen, den *wayang*, wo die Schauspieler farbenprächtige Masken und Kopfschmuck tragen. Der *kecak* basiert auf Trance-Ritualen, die während Epidemien eingesetzt wurden. Die Tänze der Sasak auf Lombok sind ritueller Art, oft werden Männer im Wettkampf oder Kampf präsentiert.

← *Balinesische Tänzerin im traditionellen Kostüm*

Bewässerung

Auf Bali gibt es eine lange Trockenzeit, daher ist die Bewässerung der Reisfelder von großer Bedeutung. Sie erfolgt mithilfe uralter Methoden, die von den Bauern in Dorfkooperativen, den *subak*, eingesetzt werden. Das Wasser wird aus Flüssen und Strömen ab- und durch ein ausgeklügeltes Kanal- und Tunnelsystem zum obersten Punkt der Reisterrassen geleitet. Von dort fließt es dann stufenweise nach unten.

↑ *Das Bewässerungssystem in Bali stammt aus dem 11. Jahrhundert*

Pura Luhur Batukau

Hoch oben an den Hängen des Vulkans Gunung Batukau steht der Tempel Pura Luhur Batukau *(siehe S. 160)*, der »Tempel der hohen steinernen Kokosnussschalen«, in dem die Götter der Berge und Seen verehrt werden. Er war der Stammtempel der königlichen Familie von Tabanan, deren Nachkommen die Schreine auch noch heute pflegen. Besuchen Sie diesen mystischen und spirituellen Ort und lassen Sie die Ruhe auf sich wirken.

→ *Pavillons im Pura Luhur Batukau am Hang des Gunung Batukau*

BALIS TEMPEL

Ein balinesischer Tempel oder Pura steht im Zentrum jeglicher spiritueller Aktivität in Bali. In der heiligen Anlage werden die Hindu-Götter eingeladen, in die *pratima* (Bildnisse), die in den Schreinen lagern, hinabzusteigen. Die Tempel sind offen und haben kein festes Dach, damit die Götter leichteren Zugang haben, Tore und Wände dienen nur dazu, unreine und böse Einflüsse auszusperren. Das Arrangement balinesischer Tempel folgt einem gleichbleibenden Muster, ausgerichtet an der Berg-Meer-Achse.

Pura Kehen

Pura Kehen *(siehe S. 136)* ist der zweitgrößte Tempel in Bali und Stammtempel der Könige von Bangli. Er liegt etwas abseits der touristischen Hauptwege, aber ein Besuch lohnt sich. Steile, von Statuen gesäumte Treppen führen zu einem der schönsten und beeindruckendsten Tempel der Insel.

→ *Der Tempel Pura Kehen war einst der königliche Tempel der Bangli*

Fotomotiv
Inseltempel

Pura Tanah Lot *(siehe S. 156)* ist einer der meistfotografierten Tempel in Bali. Am späten Nachmittag wirkt seine Silhouette großartig vor der untergehenden Sonne.

Pura Dalem Jagaraga

Der überaus reich verzierte Pura Dalem Jagaraga bei Singaraja *(siehe S. 167)* ist berühmt für seine prächtigen Steinmetzarbeiten. Die Platten zeigen das Leben zur Zeit der Holländer, unter anderem einen Dampfer, der ein Notsignal aussendet, als er von einem Meerungeheuer angegriffen wird, bewaffnete Banditen, die geschniegelte Europäer in einem Ford festhalten, und Doppeldecker im Luftkampf im Zweiten Weltkrieg, die ins Meer stürzen.

← *Detail einer Steinplatte im Pura Dalem Jagaraga*

Vollmondsegen

Der Vollmond oder *purnama* gilt in Bali als überaus verheißungsvoll – ein idealer Termin für Heilung, Beratung und gute Taten. An diesem heiligen Tag werden die Götter mit Nahrung, Früchten und Blumen beschenkt. Die balinesischen Hindus glauben, dass die Götter jeweils bei Vollmond auf die Erde kommen und die Menschen segnen. Daher finden an diesem Tag im Tempel Zeremonien und Reinigungsrituale statt unter Verwendung von geweihtem Wasser, Räucherstäbchen, Blüten und Reiskörnern.

Prozessionen

Jeder Besucher, der mehrere Tage auf Bali verbringt, wird früher oder später eines der faszinierenden Tempelfeste oder eine farbenprächtige Prozession erleben, wichtige Elemente des täglichen Lebens. Bei den Prozessionen tragen Frauen *gebogan* – hoch aufgetürmte Pyramiden aus Früchten – auf dem Kopf. Besonders prächtig sind *odalan*, Feste zur Erinnerung an die Tempelgründung.

↑ *Prozession von Gläubigen in Ubud mit kunstvollen und farbenprächtigen Opfergaben*

Gunung Batukau

Der erloschene Vulkan Gunung Batukau im Regierungsbezirk Tabanan auf Bali ist der zweithöchste Berg der Insel *(siehe S. 160)*. Seine Umgebung weist die größte biologische Vielfalt auf. Die steilen Hänge sind durchzogen von Gebirgsbächen, dort wachsen Farne, Wildblumen, Kriechpflanzen und Orchideen. In den Wäldern leben die seltenen Schlank- und Tummelaffen, kleine Hirsche, Schmetterlinge, Flugechsen, *landak* (Stachelschweine) und *lubak* (Mungos). Es werden geführte Touren von gemütlich bis anspruchsvoll auf den 2276 Meter hohen Gipfel angeboten.

→

Das Wasser des Gunung Batukau, versorgt die Reis-, Kaffee- und Obstfelder in der Umgebung

VULKANE
AUF BALI UND LOMBOK

Bali und Lombok liegen auf dem vulkanischen »Feuerring«, der sich von Sumatra bis zur Bandasee erstreckt. Die strahlenden Gipfel des Gunung Agung, des höchsten Vulkans auf Bali, und des Gunung Rinjani auf Lombok dominieren die Landschaft der beiden Inseln. Vulkane haben in Indonesien auch eine spirituelle Bedeutung. Man sagt, dass dort die Gottheiten wohnen.

Gunung Seraya

Der 1090 Meter hohe Gunung Seraya liegt ganz im Osten Balis. Machen Sie mit einem Guide eine gemütliche Tour, die im Dorf Bangle am Osthang des Bergs beginnt und zu Toye Masem – den fünf heiligen Quellen – führt. An jeder Quelle steht ein Schrein, und man sagt, das Wasser schmecke jeweils unterschiedlich. Wer mehr möchte, nimmt den anspruchsvollen Weg bis zum Gipfel – wer es geschafft hat, wird mit einem atemberaubenden Ausblick belohnt.

←

Gunung Seraya und Gunung Lempuyang erheben sich weit über die Reisterrassen

Fotomotiv
Vulkan und Reisfelder

Fotografieren Sie den zentralen und östlichen Vulkan des mächtigen Gunung Batukau an einem klaren Tag und bei Sonnenaufgang – sie sind ein perfekter Hintergrund für ein großartiges Foto.

← *Trekking am Gunung Batukau im Sonnenaufgang, der Ausblick entschädigt für die Mühe*

Gunung Catur

Der dicht bewaldete erloschene Vulkan Gunung Catur steht an der Ostseite des Bratan-Sees *(siehe S. 166)*. Mit seinen 1861 Metern ist er der vierthöchste Berg Balis. Die Tour auf den Gipfel dauert drei Stunden und führt durch eine fantastische Landschaft, wo Meerkatzen leben und viele Schreine stehen. Zur Kolonialzeit bauten Holländer dort Wochenendhäuser, deren Überreste noch zu sehen sind. Vom Gipfel schaut man auf den Tamblingan-See, am Kraterrand steht der Tempel Pura Pucak Mangu.

Entdeckertipp
Kraterseen

Ein Teil der Caldera von Lomboks Gunung Rinjani *(siehe S. 172f)* ist bedeckt von einem schillernden, tiefblauen halbmondförmigen Kratersee mit Wasserfällen und heißen Quellen. Mittendrin steht der Vulkankegel des Gunung Baru (»neuer Berg«). Um ihn zu sehen, ist Klettern erforderlich.

↑ *Blick vom Krater des Gunung Catur auf den Tamblingan-See*

DAS JAHR IN BALI UND LOMBOK

Januar

△ **Chinesisches Neujahrsfest** *(Jan/Feb)*. Balinesen und Sasak chinesischer Abstammung begehen das Fest mit feierlichen Abendessen, Dekorationen und *barongsai,* Tanzgruppen mit Löwen und Drachen.

Februar

△ **Galungan** *(variiert)* wird alle 210 Tage entsprechend dem *Pawukon*-Kalender gefeiert. An diesem Tag steigen angeblich die Geister der Vorfahren und balinesische Götter auf die Erde.

Bau-Nyale-Festival *(Feb/März)*. Lomboks populärstes Festival mit Musik und Tanz findet bei Erscheinen des *Nyale*-Seewurms, eines Fruchtbarkeitssymbols, am Kuta Beach statt.

Mai

△ **Takbir Parade** *(variiert)*. Die Bevölkerung Lomboks hält eine Parade zum Ende des Ramadan ab, einzigartig auf der Insel.

Juni

△ **Bali Kunstfestival** *(Mitte Juni – Mitte Juli)*. Einmonatiges Fest zur Feier balinesischer Kunst und Kultur in Denpasar mit Darbietungen traditioneller und moderner Tänze, Schattenspiel, Konzerten und Ausstellungen.

September

△ **Senggigi-Festival** *(Anf. Sep)*. Viertägiges Fest rund um Lomboks Kunst und Kultur mit Straßentheater, Musik und Tanz sowie Ständen mit Kunsthandwerk und Streetfood.

Balinale International Film Festival *(Ende Sep)*. Eine Woche lang wartet ein dicht gedrängtes Programm mit prämierten Filmen und Premieren mit Indonesiens größten Talenten auf.

Oktober

△ **Ubud Writers and Readers Festival** *(Anf. Okt)*. Schriftsteller und Literaturfreunde aus aller Welt besuchen anregende Interviews, Lesungen, Poetry Slams und Buchvorstellungen.

Nusa Dua Fiesta *(Mitte Okt)*. Eine Woche mit Kunstausstellungen, Theateraufführungen, Modeschauen und feinem Essen.

März

△ **Pengrupukan** *(Anf. oder Mitte März)*. In ganz Bali finden Prozessionen mit Gongs, Trommeln, Zimbeln und *ogoh-ogoh* (Dämonenfiguren) zur Vertreibung der bösen Geister statt.

Nyepi *(Mitte/Ende März)*. Der »Tag der Stille« der Hindus ist ein gesetzlicher Feiertag mit Fasten und Meditation. Der Flughafen und Geschäfte sind geschlossen, die Straßen sind leer, und es brennen keine Lichter.

April

△ **Bali Spirit Festival** *(Anf. Apr)*. Bei diesem Festival in Ubud treffen sich führende Vertreter von Yoga, Wellness, Weltmusik, Gesundheit, kommunalen Projekten und Umweltschutz.

Ubud Food Festival *(Mitte Apr)*. Dreitägiges Fest für die Geschmacksnerven mit einem großen Angebot balinesischer und internationaler Speisen.

Gendang-Beleq-Festival *(Mitte Apr)*. In ganz Lombok treffen sich große Trommlergruppen, und es wird getanzt.

Juli

△ **Stockkampf-Festival** *(Juli)*. Am besten schauen Sie sich dieses Fest in Senggigi auf Lombok an, bei dem Männer im Kampf mit Holzstöcken und Schildern bei traditioneller Musik ihre Stärke beweisen.

Bali Kite Festival *(Juli/Aug)*. Teams aus verschiedenen Dörfern bauen traditionelle riesige Drachen – bis zu vier mal zehn Meter – und lassen sie steigen.

August

△ **Unabhängigkeitstag** *(17. Aug)*. Indonesien feiert die Befreiung vom Kolonialismus, Häuser werden in Rot und Weiß geschmückt, und die Nationalflagge wird gehisst. Für die Kinder werden lustige Spiele angeboten.

Ubud Jazzfestival *(Mitte Aug)*. Zweitägiges Fest mit Jazz-Legenden und Nachwuchsmusikern aus Indonesien und der ganzen Welt.

November

△ **Badung Art and Cultural Festival** *(Mitte Nov)*. Ein Feuerwerk balinesischer Kunst, Tanz und anderer kultureller Traditionen.

Dezember

△ **Mulang Pekelem** *(Dez)*. Hindus in Lombok pilgern bei Vollmond zum Segara-Arak-See im Krater des Gunung Rinjani.

Perang Topat *(Dez)*. Hindus und Muslime beten im Tempel Pura Lingsar in Lombok für gute Ernten im neuen Jahr. Anschließend wird zum Spaß um Reissnacks gekämpft.

1

KURZE GESCHICHTE

Bali und Lombok sind zwei winzige Inseln im indonesischen Archipel, die aufgrund ihrer strategischen Lage und ihrer natürlichen Schönheit die Aufmerksamkeit der benachbarten Insel Ostjava, der niederländischen Kolonisatoren und der weltweiten Tourismusindustrie auf sich gezogen haben.

Frühe Menschheitsgeschichte

Es ist zwar bekannt, dass der Homo sapiens das heutige Indonesien vor 60 000 bis 45 000 Jahren erreichte, aber über die frühe Geschichte gibt es keine Aufzeichnungen. Es gibt Hinweise, dass Menschen in der Steinzeit erstmals auf Bali landeten, wo sie in Höhlen lebten und Werkzeuge aus Tierknochen herstellten. Später, etwa 1500 v. Chr., kamen seefahrende austronesische Volksgruppen hinzu, die von China nach Südostasien und in den Pazifik einwanderten. Im 3. Jahrhundert kamen bronzezeitliche Menschen chinesischer und vietnamesischer Abstammung nach Gilimanuk und bewirtschafteten das Land.

1 *Niederländische Karte aus dem 18. Jahrhundert* ↑

2 *Statue von Pura Maospahit in Denpasar, Hauptstadt des Majapahit-Reichs*

3 *Der balinesische König und sein Gefolge, 1597*

4 *Lombok zur Zeit der niederländischen Invasion*

Chronik

2500 v. Chr.

Es gibt Hinweise, dass Menschen bereits in der Steinzeit auf Bali lebten

414

In chinesischen Aufzeichnungen werden zwei Schulen des Hinduismus auf Java erwähnt

1293

Gründung des Majapahit-Königreichs

1343

Majapahit-Invasion in Bali durch den javanischen Herrscher Gajah Mada, der den König in Bedulu besiegt

2

3

4

Die Königreiche Balis

Bali und Lombok blieben jahrhundertelang von den Übergriffen Javas verschont. Das änderte sich 1478, als die hinduistischen Majapahit-Könige von Ostjava nach Bali flohen, nachdem sie vom muslimischen Demak-Sultanat von der Nordküste Javas besiegt worden waren. Die Herrschaft der Majapahit auf Bali war nur von kurzer Dauer. Um 1550 wurde die Insel von König Dalam Baturenggong aus dem Königreich Gelgel unterworfen, der ein einziges Königreich schuf, das sich von Ostjava bis zur Insel Sumbawa erstreckte.

Lombok bewahrte seine Unabhängigkeit von Java und Bali bis zum 17. Jahrhundert, als Makassar-Gruppen von ihren Kolonien auf Sumbawa in den Osten Lomboks eindrangen und das Volk der Karangasem die Straße von Lombok vom Osten Balis her überquerte und sich im Westen Lomboks niederließ. Es folgte eine Zeit der Kämpfe zwischen den konkurrierenden Feudalkönigreichen. Infolgedessen brach das Gelgel-Königreich 1651 zusammen, und Bali wurde in neun separate Königreiche aufgeteilt. 1750 wurde Lombok in vier Königreiche aufgeteilt: Pagesangan, Pagutan, Mataram und Cakranegara.

↑ *Gajah Mada, Herrscher des Hindu-Reichs Majapahit*

Frühes 16. Jh.

Hindu-javanische Priester und Künstler fliehen vor den Java beherrschenden Islamisten nach Bali

1597

Erste niederländische Handelsschiffe landen in Bali auf der Suche nach Gewürzen und berichten von der Insel

1651

Bali ist in neun Königreiche unterteilt: Klungkung, Buleleng, Karangasem, Mengwi, Badung, Tabanan, Gianyar, Bangli und Jembrana

1838

Die vier Königreiche Lomboks vereinigen sich und werden Teil des Königreichs Mataram

1

2

Niederländische Herrschaft

Die holländische Handelsflotte entwickelte zu Beginn des 17. Jahrhunderts ein Netz von Handelsrouten, das sich rund um den Globus erstreckte. Die 1602 gegründete Verenigde Oost-Indische Compagnie nahm Asien ins Visier, um die dortigen Ressourcen auszubeuten. Auf Bali machte sich die Gesellschaft die zersplitterten Königreiche zunutze und ergriff die Kontrolle über große Teile der Insel: 1849 waren Nord- und Ostbali unter ihrer Kontrolle. Die weitere Expansion stieß auf heftigen Widerstand: 1906 beging das Königshaus von Badung *puputan* (Massenselbstmord); 1908 folgte das Haus von Klungkung diesem Beispiel. In Lombok wurde die Insel von den Niederländern als von der balinesischen Kontrolle befreit angesehen. Tatsächlich aber verursachte der Kolonialismus eine Hungersnot, die die Insel fast 50 Jahre lang quälte.

Tourismusboom

Den holländischen Berichten über die Schönheit Balis und Lomboks konnte kaum jemand widerstehen, und so machten sich Europäer auf die beschwerliche Reise zu den Inseln per

Letztes Paradies

Zauberhafte Bilder des holländischen Illustrators W. O. J. Nieuwenkamp und des deutschen Fotografen Gregor Krause inspirierten die ersten Europäer zu einem Besuch der Insel. Einige von ihnen blieben länger und ließen sich vor allem in Ubud und Sanur nieder. Sie vermittelten der Außenwelt ein Bild Balis als »Insel der Götter«, wo »jedermann ein Künstler ist«.

Chronik

1894
Holländer erobern Lombok; Zerstörung von Mataram

1908
Puputan der königlichen Familie in Klungkung; Bali unter holländischer Kontrolle

1928
Das erste internationale Hotel, Bali Hotel, eröffnet in Denpasar

1942
Japanische Invasion; Verdrängung der Holländer

3

Schiff. Um 1930 zählte Bali bis zu 100 Besucher pro Monat – eine für damalige Verhältnisse erstaunliche Zahl. Als Reaktion auf die wachsende Zahl von Besuchern investierten die Niederländer in die Infrastruktur: Sie richteten eine Fährverbindung zwischen Banyuwangi in Ostjava und Gilimanuk auf Bali ein, bauten die erste Straße und eröffneten 1938 einen Flughafen.

Die Weltbühne

Während des Zweiten Weltkriegs landeten japanische Truppen in Sanur und lösten die niederländische Garnison ab. Die Flotte segelte weiter nach Lombok, wo die Japaner die Niederländer bald besiegten und die Insel besetzten. Sie regierten Bali und Lombok nach dem holländischen System, beschlagnahmten Lebensmittel und verursachten Hungersnöte und Epidemien. Am Ende des Kriegs ergriff Indonesien die Chance zur Unabhängigkeit und ernannte den nationalistischen Führer Sukarno zum ersten Präsidenten. Die Niederländer eroberten Lombok zurück und versuchten, die Kontrolle auf Bali wiederzuerlangen, stießen aber auf heftigen Widerstand. 1949 erkannten sie schließlich die Unabhängigkeit Indonesiens an.

1 *Poster von Willem Gerard Hofke aus den 1920ern* ↑

2 *Holländische Reokkupation 1946*

3 *Präsident Sukarno erklärt 1945 die Unabhängigkeit*

Schon gewusst?

Der letzte *puputan* in Balis Geschichte fand 1946 auf Befehl von Gusti Ngurah Rai in Marga statt.

1945

Japan kapituliert; Sukarno wird Präsident von Indonesien

1946

Rückkehr der Holländer; Gusti Ngurah Rai und 95 Guerillakämpfer werden von Holländern massakriert

1950

Bali und Lombok werden Teil von Indonesien

1956

Sukarno löst parlamentarische Demokratie auf und beendet freie Marktwirtschaft

1

2

Sukarno und Suharto

Die Präsidentschaft von Sukarno war fragil. Die Wirtschaft hatte sich infolge des Zweiten Weltkriegs verschlechtert, die Unterstützung für die Kommunistische Partei wuchs. Der Ausbruch des Gunung Agung sorgte für zusätzliches Leid. Mehr als 1600 Menschen kamen ums Leben, 100 000 wurden vertrieben, während riesige Flächen Ackerland zerstört wurden, was zu einer Lebensmittelknappheit führte. Die verzweifelte Bevölkerung wandte sich an die Kommunistische Partei, die in Jakarta einen missglückten Staatsstreich inszenierte. Daraufhin übertrug Sukarno dem Generalstabschef der Armee, Suharto, weitreichende Befugnisse. Der löschte alle Spuren des Kommunismus aus, indem er Sympathisanten, ethnische Chinesen und andere Minderheiten tötete. Mindestens eine Million Menschen starb in Indonesien.

1 *Rauch über dem Gunung Agung auf Bali, 1963* ↑

2 *Touristen genießen das Strandleben am Kuta Beach, Bali*

3 *Luftbild von Balis Nusa Dua Beach, einem der vielen Resorts auf der Insel*

Der zweite Tourismusboom

Suharto wurde 1967 Präsident und regierte Indonesien mit der Unterstützung der Armee mit eiserner Faust. Er verbot den Islam, die vorherrschende Religion auf Lombok. Um seine Regie-

Chronik

1963

Heftiger Ausbruch des Gunung Agung; 1600 Tote und 100 000 Obdachlose

1965/66

Putschversuch; es folgen antikommunistische Massaker – auf Bali und Lombok gibt es mindestens 500 000 Tote

1967

Suharto folgt als Präsident Indonesiens auf Sukarno

1971

Programm zur Ankurbelung des Massentourismus in Indonesien

3

rung zu finanzieren, öffnete er Indonesien für den Massentourismus. In den 1990ern zählte Bali jedes Jahr 400 000 Besucher und wurde zu einer der wohlhabendsten Provinzen Indonesiens. Lombok hingegen verzeichnete nur wenige Besucher und verlor den Anschluss an den Wirtschaftsboom – eine Situation, die sich 2000 noch verschlimmerte, als militante Islamisten Gebäude angriffen. Auch auf Bali kam es 2002 und 2005 zu Terroranschlägen, die zu einem Rückgang des Tourismus führten.

Bali und Lombok heute

2019 kündigte Präsident Joko Widodo den Plan »10 New Balis« an, der den Tourismus von Bali auf die anderen 18 307 Inseln Indonesiens lenken sollte. Die Initiative brachte zwar neue Investitionen nach Lombok, stieß jedoch auch auf erhebliche Kritik. Im Jahr 2020 wurde der Plan durch die Corona-Pandemie gestoppt, die die auf den Tourismus ausgerichtete Wirtschaft Balis und Lomboks erschütterte. Auch der Klimawandel trifft Indonesien hart: Allein im Jahr 2020 wurde das Land von 2291 Überschwemmungen, Erdrutschen und Wirbelstürmen heimgesucht.

↑ *Rosen erinnern an den Bombenanschlag in Jimbaran auf Bali, 2005*

1998

Wirtschaftskrise und Aufstände in Jakarta; Präsident Suharto tritt zurück

2000

Aufstände in Lombok; Hunderte Häuser von Chinesen, Christen und Balinesen, Kirchen und Läden werden zerstört

2017

Gunung Agung wird aktiv; Evakuierung von Dorfbewohnern

2018

Erdbeben auf Lombok, mehr als 550 Tote

2020–22

Die Corona-Pandemie trifft Bali aufgrund der Abhängigkeit vom Tourismus hart

BALI & LOMBOK
ERLEBEN

Menschen am Seminyak Beach

Zugang zum Kuta Beach (siehe S. 76) *bei Sonnenuntergang*

Südbali

Im Herzen von Südbali liegt Denpasar, seit 1958 die Provinzhauptstadt der Insel und heute eine geschäftige Stadt. Vom späten 18. bis zum frühen 20. Jahrhundert war Denpasar die Hauptstadt des Königreichs Badung, das zu dieser Zeit den südlichen Teil Balis beherrschte. Unter König Kesiman, der Badung von 1829 bis 1863 regierte, durften die Holländer 1826 eine Handelsstation in Kuta errichten. Als die Europäer versuchten, weiter in die Provinz vorzudringen, stießen sie jedoch auf erbitterten Widerstand, insbesondere 1906, als 4000 balinesische Männer, Frauen und Kinder die Niederländer am Palast von Badung abfingen und *puputan* (Massenselbstmord) begingen.

In den 1930er Jahren wurde der Süden Balis zum Tor zur gesamten Insel, als der Hafen in Sanur und der Flughafen in Kuta gebaut wurden. Bald entstanden Resorts, und in den 1960er Jahren war Südbali der Tourismus-Hotspot der Insel. Die Halbinsel Bukit, die durch einen schmalen Streifen Land mit dem Süden Balis verbunden ist, ist dank ihrer zahlreichen Strände ein besonders beliebter Ort für einen Aufenthalt.

Tanah Lot
Munggu
Gaji
Ubung Kaja
Ubung
Cemagi
Kangkang
Nord- und Westbali
Seiten 144–167
Kayutulang
Pererenan
Kerobokan
Raja
Pemecutan Kaja
Kerobokan
Padangsambian
Anyarbelodan
7
Canggu
Semor
Umalas
Tegal Kertha
Kerobokan Klod
Padangsambian Klod
Petitenget
Pengubengan
Taman
Batannyuh
Basangkasa
Seminyak 6
Geladag
Pemecutan
Kuta und Legian 4
Pelasa
Sakah
Kuta Bay
Rangkansari
5
South Kuta Beach
Indischer Ozean
BALI MANDARA TOLL ROAD
Ngurah Rai International Airport
Kedonganan
9
Benoa Harbour
Jimbaran Bay
Jimbaran 11
Tegalwangi
Kuta Selatan
Mumbul
Bingin Beach 15
Garuda Wisnu Kencana Cultural Park
Ancak
Simpangan
Padang Padang Beach 13
12
Ungasan
Uluwatu 16
17
Banket
Halbinsel Bukit
1
Pura Luhur Uluwatu
14
Pecatu
Kutuh
0 Kilometer 2
N

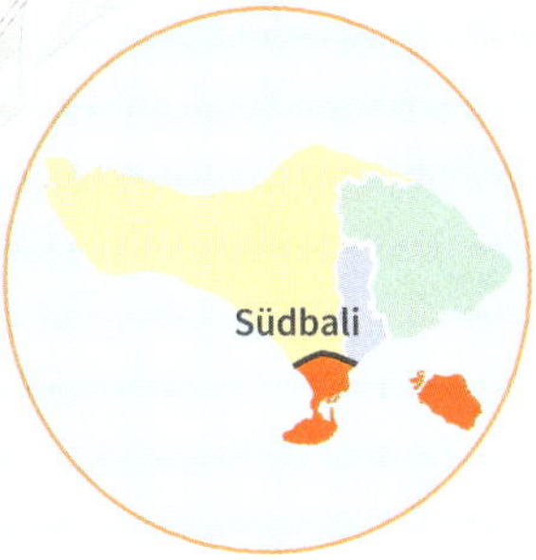

Südbali

Highlights

1. Pura Luhur Uluwatu
2. Denpasar
3. Sanur
4. Kuta und Legian

Sehenswürdigkeiten

5. South Kuta Beach
6. Seminyak
7. Canggu
8. Pulau Serangan
9. Benoa Harbour
10. Tanjung Benoa
11. Jimbaran
12. Garuda Wisnu Kencana Cultural Park
13. Padang Padang Beach
14. Pecatu
15. Bingin Beach
16. Uluwatu
17. Ungasan
18. Nusa Dua
19. Nusa Penida
20. Nusa Lembongan
21. Nusa Ceningan

Die Pagode ist Nirartha gewidmet, dem hier Erleuchtung widerfuhr

1

Pura Luhur Uluwatu

D5 Ende der Jalan Uluwatu, Uluwatu
tägl. 9–18 bei Feiern *Kecak*-Tanz: tägl. 18
Jahrestag des Tempels (nach balinesischem Kalender)

Der Pura Luhur Uluwatu ist einer der heiligsten Tempel Balis – und eines der schönsten Beispiele klassischer balinesischer Architektur. Der Tempel am südwestlichsten Zipfel Balis ist einer von mehreren, die den Schutzgeistern des Meeres geweiht sind.

Die Geschichte des Tempels ist geheimnisumwoben, aber man nimmt an, dass er im 11. Jahrhundert von dem Priester Mpu Kuturan erbaut wurde. 500 Jahre später wurde er von Priester Dang Hyang Nirartha umgebaut, dem Gründer des Shivaismus-Priestertums in Bali. Nirartha wählte Pura Uluwatu als seinen letzten Wohnsitz auf Erden.

Teile des Tempels stürzten nur kurz vor dem *puputan* (ritueller Selbstmord) des Hofs von Badung nach der niederländischen Invasion 1906 *(siehe S. 55)* ins Meer – ein Omen für die bevorstehende Katastrophe. Ende der 1990er Jahre wurden einige Schreine in Brand gesetzt als Prophezeiung der wirtschaftlichen und politischen Schwierigkeiten dieser Zeit.

Bis Anfang des 20. Jahrhunderts durften nur die Prinzen von Denpasar in der Anlage beten.

Hindu-Pilger versammeln sich vor dem Pura Luhur Uluwatu für eine Zeremonie

Schon gewusst?

Der Tempel ist Fischern gewidmet, die hier zur Meeresgöttin Dewi Laut beten.

↑ Pura Luhur Uluwatu steht eindrucksvoll auf einer Felsklippe

Tempelanlage

Das innere Heiligtum des Tempels ist Betenden vorbehalten. Man kann aber auch viel von außen sehen. Dank der extrem harten grauen Korallenwände haben der Tempel und die dekorativen Steingravierungen die Jahrhunderte überdauert. Am oberen Ende der Treppe, die zum Tempel führt, steht ein herrlich verziertes *candi bentar* (geteiltes Tor). Hier treffen die Welt der Menschen und die der Götter aufeinander.

Der Grundriss des Tempels folgt dem dreigeteilten Muster der göttlichen, menschlichen und dämonischen Welten in Form der drei Höfe. Über dem zentralen Hof ragt ein großes Tor auf, das von Statuen des elefantenköpfigen Gottes Ganesha – des Entferners von Hindernissen und Gottes der Weisheit – bewacht wird. Das monströse Gesicht von Kala späht vom Tor herunter, während seine Hände alle bösen Geister verjagen sollen, die es wagen, hier einzutreten. Als Herrscher der Unterwelt und Symbol der Zeit ist es seine Rolle, ungleiche Kräfte auszugleichen. Hinter der Hauptpagode des kleinen inneren Heiligtums des Tempels blickt die Statue eines brahmanischen Priesters, von der angenommen wird, dass sie Dang Hyang Nirartha zeigt, auf den Indischen Ozean.

> Expertentipp
> **Besuch**
>
> Die beste Zeit, den Tempel zu besuchen, ist der späte Nachmittag, wenn eine Meeresbrise weht. Hier gibt es viele Affen, passen Sie also auf Ihre Wertgegenstände auf. Bei Sonnenuntergang wird täglich ein *Kecak*-Tanz gezeigt.

→ *Der Tempel Pura Luhur Uluwatu auf einer Felsklippe*

↑ *Wächterstatue von Hanuman, dem hinduistischen Affengott*

Ein candi bentar *führt zum Haupteingang des Tempels* ↑

↑ *Das gebogene Steintor führt zum Innenhof*

Der ungewöhnlich gebogene **Torweg** hat die Form von Meru, dem kosmischen Berg der Hindus. Er wird überragt von drei Zinnen und einem *Kala*-Kopf – einem langzahnigen Dämon mit hervorstehenden Augen, der böse Geister fernhalten soll.

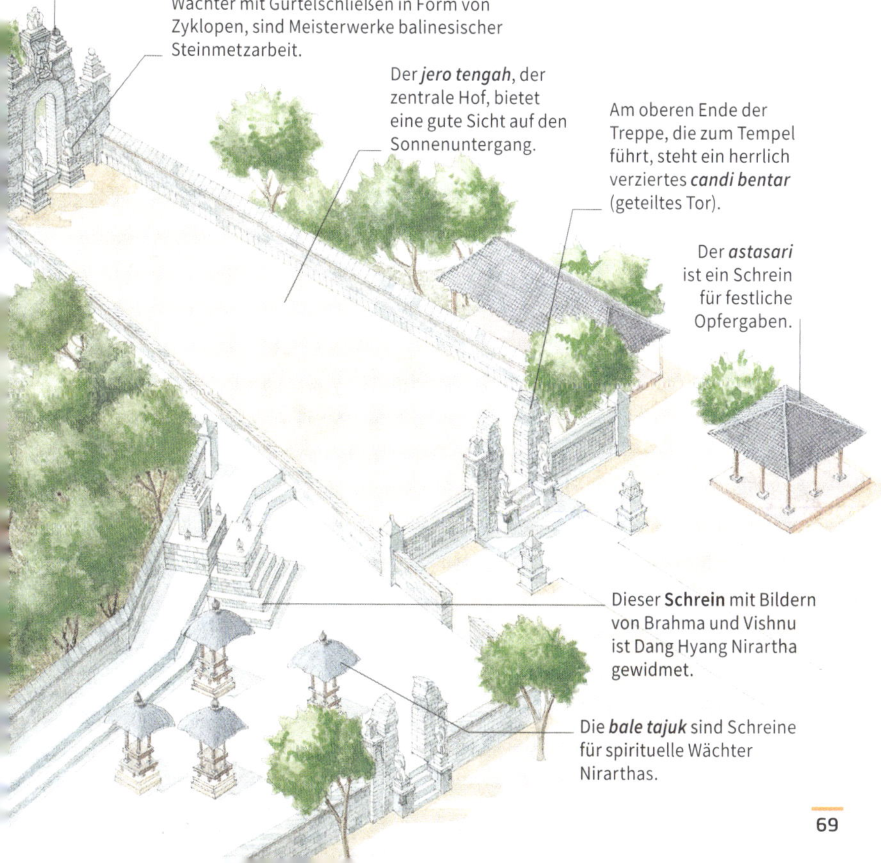

Diese **Ganesha-Statuen**, elefantenköpfige Wächter mit Gürtelschließen in Form von Zyklopen, sind Meisterwerke balinesischer Steinmetzarbeit.

Der ***jero tengah***, der zentrale Hof, bietet eine gute Sicht auf den Sonnenuntergang.

Am oberen Ende der Treppe, die zum Tempel führt, steht ein herrlich verziertes ***candi bentar*** (geteiltes Tor).

Der ***astasari*** ist ein Schrein für festliche Opfergaben.

Dieser **Schrein** mit Bildern von Brahma und Vishnu ist Dang Hyang Nirartha gewidmet.

Die ***bale tajuk*** sind Schreine für spirituelle Wächter Nirarthas.

2

Denpasar

E4 · von Kuta, Sanur und Nusa Dua · Jalan Raya Puputan 41, Renon; +62 361 235 600 · Bali Arts Festival: Taman Werdhi Budaya (Juni/Juli)

Denpasar ist die Hauptstadt der Provinz Bali. Manche älteren Gebäude stammen noch aus der Zeit vor der Eroberung durch die Niederlande 1906. Die weißen Bauten mit roten Dächern datieren aus der Kolonialzeit. Überall fallen Statuen auf, die an die Helden des Unabhängigkeitskampfs erinnern. Die Hauptstraße, Jalan Gajah Mada, wird von den Läden chinesischer, arabischer und indischer Händler gesäumt.

①

Pasar Badung

Jalan Gajah Mada
tägl.

Die Blumenstände des bunten, aufregenden Open-Air-Markts sollte man sich unbedingt ansehen, denn die exotischen und duftenden Blüten haben als religiöse Opfergaben *(siehe S. 46f)* große Bedeutung. Verkäufer von der ganzen Insel machen hier gute Geschäfte.

Der Obst-, Gemüse- und Fischmarkt ist voller tropischer Spezialitäten. Bei Textilien, Körben und Tanzkostümen können Sie Schnäppchen machen.

②

Kunstmarkt Kumbasari

Jalan Gajah Mada
tägl. 5–17

Direkt gegenüber von Pasar Badung auf der anderen Seite des Flusses verkaufen kleine Läden in einem Gebäude, das einem Kaninchenbau ähnelt, Kunsthandwerk, Souvenirs, Kunstwerke, Kleidung, Stoffe, Goldarbeiten und andere Kunstwaren.

Im Erdgeschoss gibt es Gewürze, Schalen für Zeremonien, Körbe und Opfergaben für Tempel. Im ersten Stock findet man günstige Kleidung, traditionelle Textilien und Kunsthandwerk. In den Kunstläden gibt es vor allem Waren aus Lombok. Balinesische Holzarbeiten sind im zweiten Stock zu finden. Besuchen Sie auch das Zwischengeschoss zwischen zweitem und drittem Stock, in dem es relativ günstige Gemälde gibt. Im dritten Stockwerk sind weitere Kunstläden, im vierten internationale Produkte.

③

Jalan Gajah Mada

In der geschäftigen Straße findet man chinesische Apotheken mit einer großen Auswahl an Kräutermedizin. Eine der größten ist Toko Saudara. Andere Läden verkaufen Elektrogeräte, Sportartikel, Handwerk, Batik so-

Expertentipp
Ruhe

Obwohl Denpasar eine hektische Stadt ist, gibt es auch ruhige, grüne Straßen im Geschäftsviertel Renon. Das Bajra Sandhi Monument mit Panoramablick erinnert an den Kampf gegen die Niederländer.

←
Obst- und Gewürzstände auf dem Pasar Badung

Schon gewusst?

Denpasar bedeutet »Nordmarkt«, was die Ursprünge als Marktstadt widerspiegelt.

Highlight

wie *Ikat*-Textilien. Die Händler sind oft arabischer und indischer Herkunft.

④
Taman Puputan

Jalan Udayana und Jalan Surapati

Puputan bedeutet »ritueller Massenselbstmord«. Auf dem großen Platz mitten in der Stadt (einst befand sich hier der Palast) steht ein riesiges Bronzemonument, das an den *puputan* von 1906 *(siehe S. 56)* erinnert. Es zeigt eine balinesische Familie, die ihre Waffen schwingt. Die Frau hält Juwelen in der Hand, da die Frauen aus Protest ihren Schmuck auf die Niederländer geworfen haben sollen. Heute bildet der Platz eine grüne Oase inmitten des Lärms und der Hektik von Denpasar.

⑤
Catur Muka

nordwestl. Ecke von Taman Puputan

An der Kreuzung von vier Straßen steht auf einer Verkehrsinsel neben Taman Puputan eine 20 Meter hohe Statue des vierköpfigen hinduistischen Schöpfergottes Brahma aus den 1970er Jahren. Der Name bedeutet »vier Gesichter«. Die Statue stammt von dem berühmten Künstler I Gusti Nyoman Lempad.

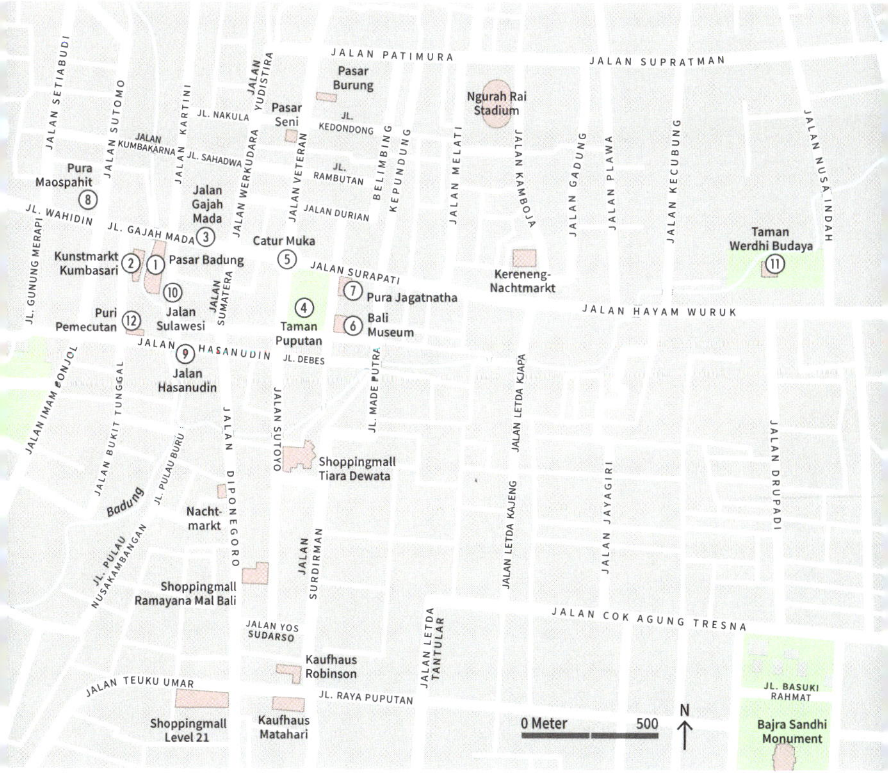

⑥

Bali Museum

Jalan Mayor Wisnu 1, auf der Ostseite des Taman Puputan +62 361 222 680 Mo – Do 8 –16, Fr 8 –12:30 Feiertage

Das Bali Museum ist das älteste auf der Insel und zeigt in mehreren Pavillons 10 000 Exponate, darunter archäologische Fundstücke, die bis zur megalithischen Periode zurückreichen, Tanzmasken, Textilien, die in den Dörfern der Bali Aga gewoben wurden, Kunsthandwerk, Zeremonialobjekte und solche zu Balis Architekturstilen und Theaterkünsten. Die Außenwände, Tore und Höfe sind im klassischen Palaststil von Denpasar gebaut, die Pavillons Tabanan (Theatermasken und Musikinstrumente), Karangasem (Skulpturen, Holzschnitzereien und Gemälde) und Buleleng (Textilien) sind im Architekturstil der Regionen, nach denen sie benannt wurden, errichtet worden. Verzichten Sie auf einen Führer, die meisten Exponate sind auch auf Englisch erklärt.

Shopping in Denpasar

In der Jalan Sulawesi gibt es Kleidung jeglicher Art. Die meisten Läden sind sehr lang und schmal. Je weiter man nach hinten geht, desto düsterer wird es. Versuchen Sie die Provisionsjäger abzuschütteln, die Sie in bestimmte Läden bringen wollen. Die Jalan Hasanudin ist die »Goldstraße« mit vielen Läden, die balinesischen Goldschmuck anbieten. Sollte man seine Meinung nach einem Kauf geändert haben, nehmen die meisten Läden bei Vorlage des Garantiezertifikats die Waren gegen eine Gebühr von fünf bis zehn Prozent wieder zurück. Die meisten Läden in Denpasar haben täglich von neun bis 21 Uhr geöffnet.

⑦

Pura Jagatnatha

Taman Puputan, Jalan Letkol Wisnu tägl.

Der Tempel wurde in den 1970er Jahren zur Anbetung von Sang Hyang Widhi Wasa, dem höchsten Gott, gebaut. Er ist bei Voll- und Neumond sowie an Kajeng Kliwon, das alle 15 Tage stattfindet, stark frequentiert und Schauplatz aufwendiger Zeremonien. Im Tempel steht ein sehr hoher Padmasana-Schrein (»Lotosthron«) mit einem leeren Sitz ganz oben, offen zum Himmel.

⑧

Pura Maospahit

Jalan Sutomo, Grenceng für Besucher

Der Tempel stammt aus der Zeit zwischen dem 13. und dem 15. Jahrhundert, als die Majapahit-Könige *(siehe S. 54)* über Bali herrschten, wurde beim Erdbeben 1917 schwer beschädigt und danach restauriert. Bildhauer- und Ziegelarbeiten hatten in der Majapahit-Periode ihre Blütezeit. Das Dekor ist sehenswert. Der Besuch des Tempels ist zwar nicht gestattet, von außen kann man ihn jedoch bewundern.

Highlight

↑ *In der Jalan Sulawesi gibt es viele Bekleidungsläden*

⑨

Jalan Hasanudin

Hier verkaufen viele Läden Goldschmuck in balinesischem, indonesischem und westlichem Design.

⑩

Jalan Sulawesi

In dieser Straße findet man Stoffe und Textilien in Hülle und Fülle – von billiger Batik bis zu importierter Seide und Brokat. Hier kaufen die Balinesen ihre Tempelkleidung und die feine Spitze für *kebaya* (eine traditionelle, eng sitzende Damenbluse).

⑪

Taman Werdhi Budaya

Jalan Nusa Indah · +62 361 227 176 · Di–Do, Sa, So 8–15:30 · Feiertage

Der attraktive Komplex mit weitläufigen Gärten, einem Kunstmuseum, mehreren Theatern und einem Amphitheater ist auch als Bali Arts Center bekannt. Es gibt häufig Tanz- und Konzertvorstellungen, aber kein festes Programm.

Das Zentrum ist ein idealer Ort, um der größten Mittagshitze zu entfliehen. Die Dauerausstellung mit Skulpturen und Gemälden illustriert die Kunstwelt der 1970er und 1980er Jahre. Modernere Werke werden in Wechselausstellungen präsentiert.

Informationen über Vorstellungen und Events kann man der *Bali Post* und Touristenmagazinen entnehmen.

← *Der große Lotosthronschrein im Tempel Pura Jagatnatha*

⑫

Puri Pemecutan

Jalan Thamrin 25 · +62 361 423 491

Der Puri Pemecutan im Herzen der Altstadt war der erste königliche Palast von Denpasar, der für Besucher geöffnet wurde. Hier lebt immer noch der aktuelle Raja von Denpasar.

Die Architektur des Palasts ist ornamentiert und klassisch, die wunderschönen Familienschreine reichen bis ins 17. Jahrhundert zurück.

Der Palast hinter hohen Mauern besteht aus zwei Teilen, den Wohnquartieren und der Andachtsstätte. Im großen äußeren Hof stehen ein Glockenturm und ein *Gamelan*-Pavillon.

Ein fein beschnitztes Tor führt zum mittleren Hof, in dem die *balairung* liegt, eine Halle, in der noch heute der Raja Hof hält. Außerdem befindet sich hier eine offene Bühne, auf der Tanz- und Theateraufführungen stattfinden.

↑ *Detail einer Skulptur auf dem Gelände des Puri Pemecutan*

3

Sanur

E4 · von Denpasar, Candi Dasa, Kuta, Lovina, Padang Bai und Ubud · Denpasar; +62 361 754 092 · traditionelle Tänze in einigen Restaurants

Die einfache Anlage von Sanur, Balis ältestem Urlaubsort, und seine ruhige Atmosphäre sprechen all jene an, die entspannen wollen und dazu die Bequemlichkeiten eines Badeorts suchen.

①

Pura Desa

Jalan Hang Tuah · tägl.

Der schöne Dorftempel wurde im frühen 20. Jahrhundert gebaut, sein Mauerwerk wurde renoviert. Er liegt in Sanurs ältestem Teil, der für die Spiritualität seiner Priester berühmt ist.

②

Pura Blanjong

Jalan Danau Poso · tägl.

In dem schlichten Tempel steht die antike Steinsäule Prasasti Blanjong, in die der älteste auf Bali gefundene königliche Erlass (914 n. Chr.) gemeißelt ist. Die Inschrift ist eine Sanskrit-Variante, ein Hinweis darauf, dass Sanur vor 1000 Jahren Handelshafen war.

③

Sanur Beach

Der Strand erstreckt sich über die volle Länge der Stadt. Es gibt einen gepflasterten Fußweg. Vor der Küste branden riesige Wellen auf ein Riff. Das ruhige Wasser zwischen Riff und Strand eignet sich bei Flut gut zum Schwimmen. Hinter dem Riff ist die Meeresströmung jedoch sehr stark. Man kann tauchen, fischen oder auf einer *jukung*, einem traditionellen Auslegerboot, segeln.

↑ *In dem Tempel Pura Blanjong steht eine Sanskrit-Steinsäule*

④

Strandpromenade

Eine gepflegte, gepflasterte Promenade mit einem fünf Kilometer langen Radweg

↑ *Die aufgehende Sonne spiegelt sich im ruhigen Wasser am Sanur Beach*

zieht sich am Sandstrand entlang, der dank eines umfangreichen Naturschutzprojekts, das auch das Korallenriff mit einschloss, vor Erosion geschützt wurde.

Auf geschwungenen Stegen, an deren Ende Pavillons stehen, versuchen Angler ihr Glück. An der Promenade liegen auch zwei Kunstmärkte. Vom nördlichen Ende legen Boote zu den Inseln Nusa Lembongan und Nusa Penida ab.

Restaurants

Fisherman's Club
Der Fisherman's Club, der zum Andaz Bali Hotel gehört, ist eine gehobene Version eines Grillrestaurants am Strand. Genießen Sie die Aussicht aufs Meer, während Sie frische Meeresfrüchte essen.
Jalan Danau Tamblingan 89a
hyatt.com
Rp Rp Rp

Kayumanis Seaside Restaurant
Hier gibt es westliche und asiatische Fusionsküche. Reservierung empfohlen.
Jalan Pantai Sindhu
kayumanissanur.com
Rp Rp Rp

Naga Eight
Genießen Sie kantonesische Gerichte unter freiem Himmel im Herzen von Sanur.
Jalan Danau Tamblingan 89
nagaeight.com
Rp Rp Rp

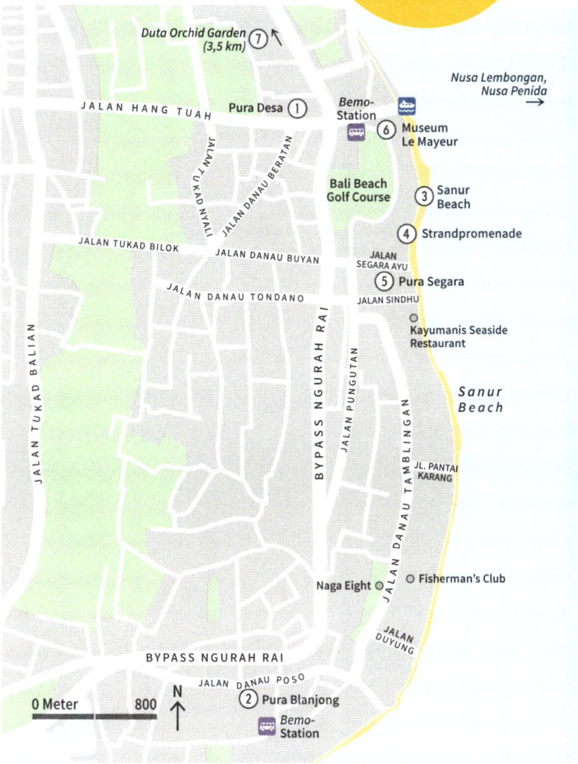

5 Pura Segara

Jalan Segara Ayu oder von Sanur Beach **tägl.**

Einer der schönsten Korallen-Strandtempel steht auf dem Anwesen des Segara Village Hotel. Die Pyramidenform der Opferhäuser gibt es so nur in Sanur. Sie deutet auf einen Ursprung in prähistorischen Zeiten hin.

6 Museum Le Mayeur

Jalan Hang Tuah via Grand Inna Bali Beach Hotel **+62 361 286 201** **tägl. 8–15:30 (Fr bis 12:30)**

In den 1930er Jahren baute der belgische Maler Adrien-Jean Le Mayeur, einer der ersten in Sanur lebenden Europäer, sein Haus. Nach seinem Tod 1958 wurde es in ein Museum mit Galerie umgewandelt. Einige mit Schnitzwerk verzierte Holzbauten sind etwas verwittert. Im Hofgarten befinden sich etwa 80 Werke von Le Mayeur, die das etwas idealisierte Leben auf Bali zeigen. Seine Frau, die balinesische Tänzerin Ni Polok, ist auf einigen Gemälden verewigt.

7 Duta Orchid Garden

Jalan Bypass Tohpati, Kasamba 1 **tägl. 8–18**
dutaorchidgarden.com

Der schöne botanische Garten ist ein tropisches Paradies inmitten von Reisfeldern. Hier wächst eine große Anzahl an Orchideenarten, die ganzjährig blühen. Viele der exotischen Pflanzen kann man auch kaufen.

↑ *Fischerboote auf dem Rückweg zum Ufer von Kuta Beach*

4

Kuta und Legian

E4 Jalan Raya Kuta und Jalan Pantai Kuta 2; +62 361 754 092

Kuta und Legian besitzen die beste touristische Infrastruktur auf Bali. Die Straßen sind gesäumt von Unterkünften jeglicher Art, Bars, Restaurants, Cafés, Nachtclubs und Läden. Der lange Sandstrand ist sehr beliebt bei Surfern. Neben dem Strand und den Wassersportmöglichkeiten sind vor allem das lebhafte Nachtleben und die Shoppingmöglichkeiten die Hauptanziehungspunkte.

①
Kuta und Legian Beach

Am drei Kilometer langen Sandstrand stehen einige schöne Hotels. Straßenhändler verkaufen ihre Waren. Erfrischungen sind immer zu haben. Man kann hier Surfbretter mieten – dies ist ein guter Ort für Anfänger, doch sollte man auf die Strömung achten. Bleiben Sie beim Schwimmen immer zwischen den Sicherheitsflaggen.

Kuta Beach geht nördlich der Jalan Melasti in den Legian Beach über. An dem weißen Sandstrand geht es etwas ruhiger zu als am Kuta Beach. Im angrenzenden Straßenlabyrinth gibt es eine große Auswahl an familienfreundlichen Unterkünften.

②
Poppies Lanes I & II

Die zwei schmalen Gassen werden von Läden, Ständen, Hotels und Bars gesäumt. Eines der ersten Hotels war das Poppies, von dem die Gassen ihren Namen haben. Die vielen kleinen Wege in diesem Teil von Kuta sind eine Insel der Ruhe vor dem Lärm und dem Schmutz der belebten Hauptstraßen.

③
Jalan Legian

Die kommerzielle Hauptschlagader Kutas verläuft parallel zum Strand. Am Südende befindet sich Bemo Corner, eine verkehrsreiche Kreuzung. Die Straße verbindet Kuta mit Seminyak.

In der Jalan Legian reihen sich Restaurants, Surfläden, Modeboutiquen, Massagesalons, Banken und Reisebüros aneinander. Außerdem

Schon gewusst?

Tourismus auf Bali begann am Kuta Beach in den 1930er Jahren.

ist die Straße einer der hippsten Nightlife-Spots Balis. Bars, Clubs und Pubs schießen wie Pilze aus dem Boden – einige, etwa The Bounty, Vi Ai Pi und die Sky Garden Rooftop Lounge, sind mittlerweile Kult.

④
Bali Bombing Memorial

Jalan Legian, Kuta

Das elegante Steinmonument erinnert an die Menschen, die bei dem terroristischen Anschlag am 12. Oktober 2002 in Kuta ihr Leben verloren. Das Denkmal steht an der Stelle des zerstörten Paddy's Pub. Auf einer Marmortafel sind alle Namen der 202 Opfer verzeichnet, darunter 88 Australier, 38 Indonesier, 23 Briten und 19 Angehörige anderer Nationalitäten. Weitere 209 Menschen wurden verletzt. Die erste Bombe detonierte um 23:05 Uhr in Paddy's Pub, die Verletzten flohen aus dem Lokal auf die Straße. 20 Sekunden später wurde eine weitaus stärkere Autobombe vor dem Sari Club auf der gegenüberliegenden Seite ausgelöst.

⑤
Kuta Square

tägl. 9 – 22

Balis originale Einkaufspassage besteht aus einem Durcheinander von Läden mit Glasfronten, darunter das Kaufhaus Matahari, ein großer Schmuckladen, ein riesiges Outlet für Batik sowie etliche Souvenirläden, Boutiquen lokaler Designer und Sportläden. Zubehör für Surfer verkaufen Dreamland Surf, Kuta Lines, Quiksilver, Volcom, Rip Curl und Billabong. Auch bekannte internationale Designeroutlets wie die von Armani, Gucci, Versace und Donna Karan sind hier zu finden.

Der Preis ist die beste Indikation dafür, ob es sich wirklich um ein originales Designerprodukt handelt. Hat man genug vom Shoppen, kann man in eines der vielen Restaurants gehen.

Nördlich von Kuta Beach erstreckt sich der schöne weiße Sandstrand von Legian Beach. Hier geht es etwas ruhiger zu als am Strand von Kuta.

Restaurants

Poppies Restaurant
Poppies, eine Institution in Kuta, bietet inmitten von Blumen und Wasserfällen exquisites Seafood sowie indonesische und internationale Küche.

Poppies Lane 1/19, Jalan Legian, Kuta
poppiesbali.com
Rp Rp Rp

Rosso Vivo Dine & Lounge
In dem schönen italienischen Restaurant mit Meerblick gibt es eine große Auswahl an Pizzas, Pastas und Desserts.

Jalan Pantai Kuta, Kuta
rossovivobali.com
Rp Rp Rp

Made's Warung
Das 1969 gegründete Restaurant ist das berühmteste in Kuta. Serviert werden indonesische, westliche, thailändische und japanische Gerichte.

Jalan Pantai Kuta, Banjar Pande Mas, Kuta
madeswarung.com/kuta
Rp Rp Rp

SEHENSWÜRDIGKEITEN

Restaurants

CRATE
In das Open-Air-Café mit Boutique und Kunstgalerie kommen Einwohner und Besucher von Canggu, um zu sehen und gesehen zu werden.
D4 Jalan Canggu Padang Linjong 49, Canggu lifescrate.com
Rp Rp

Queen's Tandoor
Zur gehobenen indischen Küche gehören Tandoori-Gerichte, Currys und Biryanis.
E4 Jalan Kartika Plaza, South Kuta bali.queens tandoor.com
Rp Rp Rp

Taco Beach Grill
Der Taco Beach Grill verbindet innovative kalifornisch-mexikanische Gerichte mit balinesischen, etwa zu *Babi-guling*-Burritos.
E4 Jalan Kunti I 8, Seminyak tacobeachgrill.com
Rp

Mama San
In dem hippen Restaurant gibt es asiatische Hausmannskost.
E4 Jalan Raya Kerobokan 135, Seminyak mamasanbali.com
Rp Rp Rp

5 South Kuta Beach

E4 von Kuta Kuta; +62 361 754 092

Der South Kuta Beach (auch als Tuban bekannt) erstreckt sich vom Kuta Square die Jalan Kartika Plaza entlang bis zum Flughafen. Dank Landrückgewinnungsmaßnahmen konnte der Strand in seiner vormaligen Schönheit wiederhergestellt werden. In Zuge dessen wurden auch die Unterkünfte und Einrichtungen am Strand renoviert. In dem familienfreundlichen Bereich gibt es eine breite Auswahl an internationalen Unterkünften – von einfachen Homestays über Mittelklassehotels bis zu Fünf-Sterne-Hotels, viele davon mit eigenen Restaurants, Bars und luxuriösen Spas.

Am weißen Sandstrand führt auf drei Kilometern eine Promenade entlang – ideal zum Spazierengehen, Joggen oder Radfahren –, gesäumt von Läden, Restaurants und Cafés.

Besucher haben die Auswahl zwischen einer Vielzahl an Küchenrichtungen. Außerdem stehen hier die Shoppingmalls Discovery und Lippo mit einem Cine-

Ein kleiner Junge spielt mit den bunten Drachen eines Ladens am South Kuta Beach

Luftaufnahme von Seminyak Beach mit dem Vulkan Agung in der Ferne

maxx-Komplex, in dem immer die neuesten Hollywood-Blockbuster gezeigt werden. Beide modernen Shoppingmalls sind klimatisiert und bieten so auch etwas Abkühlung. Darüber hinaus gibt es eine exzellente Auswahl von unabhängigen Läden, den Kuta Art Market an der Jalan Bakung Sari, viele Day Spas sowie unzählige Nachtclubs mit Livemusik, Kabarettshows und Tanzmöglichkeiten.

Für Familien bietet sich ein Besuch des **Waterbom Bali** an mit vielen Wasserrutschen, die das Herz höherschlagen lassen, einem Kinderbereich, einem Fluss, Massagemöglichkeiten, Restaurants und schattigen Cabans im gepflegten tropischen Garten.

Der Strand ist außerdem Ausgangspunkt für Surfer zum Korallenriff von Kuta. Für eine Fahrt zum Riff kann man motorisierte Auslegerboote von Fischern chartern.

Waterbom Bali
Jalan Kartika Plaza, Tuban
waterbombali.com

6 Seminyak

E4 von Kuta
Kuta; +62 361 754 092

Seminyak erstreckt sich nördlich von Kuta und Legian. Je weiter nördlich man kommt, desto entspannter wird die Atmosphäre, obwohl auch Seminyak heute ein Urlaubszentrum ist. Modeboutiquen verkaufen hier günstige Kleidung aus der Region.

Das luxuriöse Oberoi Hotel besitzt schöne Gartenanlagen, von denen man den Strand überblickt. Weiter nördlich, bei Petitenget, stößt man auf den Potato Head Beach Club mit drei Bars, drei Restaurants und einem Infinitypool und das glamouröse W Retreat mit Pool-Restaurants und einem schönen Spa.

Umgebung: Einen Strandspaziergang entfernt nördlich von Seminyak steht der acht Meter hohe **Pura Petitenget** (»Magische Truhe«). Der von dem Priester Dang Hyang Nirartha im 16. Jahrhundert gegründete Tempel ist einer von etlichen Tempeln, die sich von Pura Luhur Uluwatu auf der Halbinsel Bukit gen Norden bis zum Pura Tanah Lot in Westbali ziehen. Der Tempel zählt zu den geheimnisvollsten Balis.

Zwischen Seminyak und Kerobokan, fünf Kilometer nördlich, stehen Möbelfabriken. Kunstgalerien säumen die Hauptstraße.

Pura Petitenget
Jalan Kayu Aya
tägl.

Sonnenuntergang in Seminyak

In Seminyak ist es sehr beliebt, sich abends bei einem kühlen Bier am Strand zu versammeln, um den atemberaubenden Sonnenuntergang in Rot-, Orange- und Violetttönen zu genießen. Ein guter Platz hierfür ist der Sandstreifen neben Pura Petitenget, an dem es meistens ruhiger zugeht als am Hauptstrand.

7

Canggu

D4 Denpasar; +62 361 756 176

Zwölf Kilometer nordwestlich von Seminyak am Rand des Grüngürtels Badung liegen die Dörfer Tibubeneng, Berawa, Canggu und Pererenan – gemeinsam unter Canggu subsummiert. Früher galt dieser Küstenabschnitt als verschlafen, nur Surfer schätzten ihn wegen der hohen Wellen. Mit der internationalen Canggu Community School, die sich hier 2006 ansiedelte, zogen auch viele Familien und Expats hierher, Immobilienentwickler konkurrierten um die schönsten Landflächen.

Heute gehört Canggu zu den hippsten Küstenabschnitten Balis, bekannt für seine Saftbars, Coffee Shops, vielen Restaurants und veganen Cafés, die sich eine gesunde Küche auf die Fahnen geschrieben haben.

Sportliche Naturen können zwischen drei Fitnessclubs wählen, einem Tanzstudio, Yoga-Zentren und etlichen Surfschulen. Finn's Recreation Club bietet Sport- und Freizeitmöglichkeiten, darunter auch Splash, einen Wasserpark für Kinder. Pferdefreunde können sich für einen Ausritt in drei Ställen Pferde ausleihen. Für Nachteulen gibt es in Canggu etliche Clubs mit Livemusik.

Zu weiteren Attraktionen gehören Spas und Kosmetikinstitute, Modeboutiquen und zwei Strandclubs. Die Unterkünfte reichen von Ferienvillen über Strandresorts und Surfcamps bis zu Yoga Retreats, Apartments, Öko-Hotels und Gästehäusern.

Doch findet man in Canggu auch das traditionelle Dorfleben: Die Saat wird ausgebracht und später geerntet, es wird musiziert, und die Tempelfeste werden wie eh und je abgehalten.

Schon gewusst?

2018 war Canggu die am schnellsten wachsende Stranddestination der Welt.

Hotels

Padma Resort Legian
Das Fünf-Sterne-Resort liegt inmitten üppiger tropischer Gärten in bester Strandlage im Herzen von Legian.

E4 Jalan Padma 1, Legian
padmaresortlegian.com

Rp Rp Rp

Gravity Boutique Hotel
Surfer lieben das Öko-Resort im Boho-Stil in der Nähe von Bingin und Padang Padang.

D5 Jalan Labuan Sait, South Kuta
gravitybalihotel.com

Rp Rp Rp

Grün Canggu
Das Baumhaushotel verfügt über sechs erhöhte Apartments, die nach den Bäumen Balis benannt sind.

D4 Jalan Veteran 87, Buduk
grunresorts.com

Rp Rp Rp

←
Surfer an einem beliebten Abschnitt am Canggu Beach

8 Pulau Serangan

E4

Die Insel Serangan ist von der südlichen Biegung des Sanur-Strands durch ein Mangrovengebiet, das als Suwungwas bekannt ist, getrennt. Wegen der Schildkröten, die hier einst ihre Eier ablegten, heißt die Insel auch »Turtle Island«. Sie wurde bei der Nutzbarmachung für ein Hotelprojekt künstlich vergrößert. Ein Damm verbindet sie mit Bali. Die zwei alten Fischerdörfer Ponjok und Dukuh blieben erhalten. Neben den balinesischen Hindus gibt es hier auch eine alte muslimische Bugis-Gemeinde. Ihre Vorfahren kamen aus Südsulawesi, vermutlich um 1600.

Am westlichen Ende von Pulau Serangan steht einer der sechs heiligsten Tempel Balis, der **Pura Sakenan**, von dem manche glauben, er sei von dem Reformpriester Dang Hyang Nirartha im 16. Jahrhundert gegründet worden. Andere schreiben ihn dem javanischen Buddhisten-Priester Mpu Kuturan (11. Jh.) zu. Im Innenhof des Tempels erinnert eine Stufenpyramide aus weißen Korallen an die Tempel in Polynesien. Während Galungan *(siehe S. 52)*, einem lebendigen Fest, das alle 210 Tage gefeiert wird, kommen viele Gläubige zum Tempel.

Die Insel ist gut für Wassersport, vor allem Surfen an der Ostseite. Außerdem kann man hier abends die nach Benoa Harbour zurückkehrenden Schiffe beobachten. Man hat einen großartigen Blick auf Nusa Dua, Nusa Lembongan und die Nusa-Penida-Inseln sowie auf die grandiosen Sonnenuntergänge.

Pura Sakenan
Pulau Serangan
tägl.

9 Benoa Harbour

C4 von Denpasar (Shuttlebus von Hotels nach Benoa) nach Lembar auf Lombok

Der Hafen für Bootsliebhaber ist von Nusa Dua auf einer Panoramastraße über die Benoa Bay zu erreichen. Unter den kommerziellen und privaten Booten findet man oft traditionelle Bootstypen, z. B. *pinisi*, breite Frachtsegler aus Südsulawesi, und leuchtend farbige Fischerboote der Insel Madura nordöstlich von Java. Charterboote und Touren werden angeboten. Tagesausflüge nach Nusa Lembongan *(siehe S. 89)* sind zu empfehlen. Für einen Tagestrip können eine Jacht oder ein Bugis-Schiff gemietet werden. Längere Ausflüge gehen bis Komodo, manche Gesellschaften bieten Touren zu den Kleinen Sunda-Inseln.

In der nahen Jalan Bypass Ngurah Rai kümmert sich das Mangrove Information Center (+62 361 726 969) um den Erhalt der 15 Küstenmangrovenarten im Umland.

→
Balinesische Fischerboote in Benoa Harbour

Restaurants

Sundara Bali
Am Abend wird aus dem Strandclub ein feines Restaurant, das Sushi, Wagyu-Steaks und Seafood serviert.

E4 Four Seasons Resort, Jalan Bukit Permai, Jimbaran sundarabali.com

RpRpRp

The Shady Shack
Genießen Sie in der Hütte am Straßenrand gesunde, fleischlose Gerichte.

D4 Jalan Tanah Barak 57, Canggu theshadyshackbali.com

RpRpRp

Cuca
Zu den internationalen Gerichten gehören Tapas, Cocktails und kreative Desserts.

E4 Jalan Yoga Perkanthi, Jimbaran cucabali.com

RpRpRp

Nelayan Restaurant
In einem strohgedeckten Pavillon serviert das Nelayan frische Meeresfrüchteplatten mit mediterranem Einfluss.

E4 Jalan Yoga Perkhanti, Jimbaran +62 361 701 605

RpRpRp

Seafood-Cafés
Am Strand der Jimbaran Bay gibt es über 30 Seafood-Cafés.

E4 Pantai Jimbaran

RpRpRp

10 Tanjung Benoa

E4 von Nusa Dua
Kuta; +62 361 754 092

Tanjung (»Kap«) Benoa ist eine lang gezogene sandige Landzunge mit einem kleinen Fischerdorf. Ein schmaler Meeresarm trennt das Kap von Benoa Harbour. Das Dorf war einst ein Handelshafen. Einige Chinesen und Bugis sowie Balinesen leben noch hier. Es gibt ein paar balinesische Tempel aus Kalkstein und eine Moschee. In einem alten, leuchtend roten chinesischen Tempel, den Seeleute und Händler errichteten, suchen Fischer aller Religionen in der Hoffnung auf einen guten Fang einen Wahrsager auf.

Mittlerweile führt eine asphaltierte Straße zur Spitze der Halbinsel von Nusa Dua. Entlang der Straße entstanden Hotels, Spas und Seafood-Restaurants. Ein eigenartiges Wahrzeichen, eine steinerne Ananas, markiert den Eingang zum Novotel.

Der Strand wurde aufgemöbelt und besitzt nun pittoreske, halbmondförmige Steinpiers mit offenen Pavillons. Die Angebote an Wassersport sind vielfältig, darunter Wasserski, Bananenbootfahrten, Angeln und Parasailing. Zum Schnorcheln in den korallen- und fischreichen Gewässern kann man sich mit Booten hinausfahren lassen.

11 Jimbaran

E4 Kuta; +62 361 754 092

Jimbaran ist ein großes Dorf mit typischen balinesischen Häusern. Man kann zwar keine Gebäude besichtigen, doch Jimbaran eignet sich gut, um einen Einblick in den Alltag der Einheimischen zu bekommen. In der Nähe entstanden einige der luxuriösesten Hotels Balis.

Es gibt einen sehr schönen, von einem Korallenriff geschützten Strand, an dem man wahrlich eindrucksvolle Sonnenuntergänge erleben kann. An einem klaren Tag sieht man die Vulkane und Berge von Bali, z. B. die drei Gipfel des Gunung Batukau *(siehe S. 160)* im Westen oder die Gipfel des Gunung Batur *(siehe S. 120f)*, des Gunung Agung *(siehe S. 142)*, des Gunung Abang *(siehe S. 143)* sowie des Gunung Seraya *(siehe S. 141)* im Osten. Am Strand kann man Segelboote

Der chinesische buddhistische Tempel Caow Eng Bio in Tanjung Benoa ↑

Ein Fischer wirft im Sonnenuntergang an der Küste von Jimbaran sein Netz aus

mieten und sonstigen Wassersport treiben.

Jeden Morgen findet die Bucht entlang ein geschäftiger Fischmarkt statt. Am Strand reiht sich ein strohgedeckter Imbiss an den anderen, hier kann man Fisch und Seafood auswählen, die dann über Kokosnussschalen gegrillt werden.

Es gibt eine große Fischergemeinde aus einfachen Hütten am Ufer. Viele der Fischer sind nicht balinesischer Herkunft, sondern Einwanderer von den Inseln Java und Madura. Die bunten Boote liegen den ganzen Tag in der Dünung vor Anker. Wenn die Sonne untergeht, fahren die Fischer mit brennenden Lampen in der Dämmerung auf das offene Meer hinaus – diesen Anblick sollten Sie sich auf keinen Fall entgehen lassen.

Umgebung: Kuta Reef etwas weiter nördlich gehört zu den beliebtesten Surfstränden von Bali. Wo sich die Wellen am Riff vor South Kuta Beach brechen, lässt es sich in der Nähe des Ngurah Rai International Airport gut surfen. Man erreicht die Stelle mit einem Ruderboot, oder man chartert ein Auslegerboot in South Kuta Beach *(siehe S. 78)* oder Jimbaran.

Die Küste weiter südlich besteht fast nur aus Kalksteinklippen. In Bukit entstanden luxuriöse Ferienhäuser und Boutiquehotels.

12

Garuda Wisnu Kencana Cultural Park

E5 Jalan Raya Uluwatu, Ungasan täglich 8–19:30 gwkbali.com

Herzstück des Garuda Wisnu Kencana Cultural Park – kurz GWK – ist eine riesige, 2018 vollendete Statue, die man 25 Kilometer weit sieht. Ihre Herstellung dauerte 28 Jahre und kostete 30 Millionen US-Dollar. Das 75 Meter hohe Monument steht auf einem Sockel, was die Gesamthöhe auf 121 Meter steigert. Damit ist sie eine der höchsten Monumentalstatuen der Welt. Sie ist aus grünem Kupfer und Bronze und zeigt den höchsten Hindu-Gott Vishnu, wie er auf Garuda, einem halb menschen-, halb adlergestaltigen Tier, reitet. Zusammen symbolisieren sie die Harmonie des Menschen mit seiner Umwelt sowie die Spiritualität Balis.

Statue und Park sind eine Idee des indonesischen Bildhauers Nyoman Nuarta, der einen Ort für Kunst und Kultur schaffen wollte. Täglich finden Aufführungen von indonesischem und balinesischem Tanz sowie traditioneller Musik statt. Zu den Veranstaltungsplätzen im Park gehören der von Säulen umgebene Lotos Pond, Street Theatre, Plaza Kura-Kura und Indraloka Garden. In dem Komplex gibt es auch Galerien, ein Kino, ein balinesisches Restaurant sowie ein Shop mit vielen Souvenirs und Kunsthandwerk.

Balis ikonischstes Wahrzeichen, die GWK-Statue, die den Hindu-Gott Vishnu zeigt

Balis Surfgeschichte

In den 1960er Jahren kamen die ersten Surfer nach Bali. Sie sprachen von einem »Geheimtipp« am südwestlichen Zipfel – einem Platz, der spätestens mit dem Surferfilm *Morning of the Earth* 1971 weltbekannt werden sollte. Währenddessen brachen balinesische Jugendliche mit der jahrhundertealten Überzeugung, das Meer sei die Heimstatt von Dämonen: Mit geliehenen Surfboards entwickelten sie sich schnell zu Meistern in dieser Sportart, auch wenn sie einen halben Tag brauchten, um zu Surfspots mit guten Wellen zu kommen. Die Verlockungen des Surfens sind heute tief verflochten mit dem Ansteigen des Tourismus auf Bali, da die ersten Gästehäuser in Kuta eigens für Surfer aufgemacht worden waren.

13

Padang Padang Beach

D5

Kuta; +62 361 754 092

Der auch als Pantai Labuan Sait bekannte goldene Sandstrand liegt eingebettet in Lavafelsen an der Nordwestküste der Halbinsel Bukit neben einer Straßenbrücke über einen Fluss. Man erreicht ihn durch eine Felsspalte über eine Treppe.

Bei gutem Wetter ist die Brandung hier sehr beständig, weshalb am Padang Padang Beach auch viele internationale Surfwettbewerbe ausgetragen werden, darunter auch der Rip Curl Cup Padang Padang. Der Strand erlangte Berühmtheit durch den Hollywood-Film *Eat Pray Love* mit Julia Roberts und Javier Bardem in den Hauptrollen. An der Jalan Labuan

Sait, der Straße, die sich am Strand entlangwindet, stehen viele Surfcamps, -schulen und -läden, Unterkünfte, Cafés und *warungs*, ein Boutique-Öko-Resort sowie ein Fünf-Sterne-Hotel. Die Landschaft der ganzen Gegend ist vorrangig trocken und felsig mit verkümmerten Büschen, Kakteen, Kapokbäumen und wilden Blumen.

14

Pecatu

D5

Kuta; +62 361 754 092

Der Distrikt Pecatu deckt den Südwesten der Halbinsel Bukit von Balangan Beach und Dreamland Beach an der Nordküste bis Uluwatu an der westlichen Spitze und Nyang Nyang Beach im Süden ab. Bis Anfang des 21. Jahrhunderts lebten in dem trockenen Landstrich nur Algenzüchter, Fischer, Maniokbauern und eingefleischte Surfer. Heute gehört Pecatu zu den exklusivsten Destinationen auf der Insel. Die weißen Sandstrände mit guter Brandung zählen zu den schönsten Balis. Partygeher lieben den Omnia Dayclub oben auf den Klippen und Golfer den 18-Loch-Platz New Kuta Golf Course beim Kawasan Pecatu Indah Resort. Von beiden hat man einen wunderbaren Blick aufs Meer.

15

Bingin Beach

D4

Kuta; +62 361 754 092

Bingin Beach mit weißem Sand und türkisfarbenem Wasser erreicht man über eine Treppe mit 100 steilen Stufen. Lohn für den Abstieg zum Strand ist ein fantastischer Blick auf die Küstenlinie und den Indischen Ozean. Bei Ebbe bilden sich am Strand viele Felsenpools. Bei Flut verschwindet ein Großteil des Ufers. Dann kann man eines der vielen *warungs* besuchen. Von dort ist auch die außergewöhnliche Brandung zu beobachten. In der Nähe des Strands gibt es viele Homestays und Cafés, die vor allem auf die junge Surfergemeinde eingestellt sind.

←

Tropische Landschaft am Bingin Beach mit einem Hotel im traditionellen balinesischen Stil

TOP 5

Halbinsel Bukit

Bier und Surfen
Genießen Sie bei Sonnenuntergang ein Bintang-Bier in einem *warung* in Uluwatu *(siehe S. 86)* und sehen Sie dabei den furchtlosen Surfern zu.

Relaxen im Spa
Zwei Stunden im Thermes Marins Bali Aquatonic Pool im Ayana Resort & Spa (www.ayana.com) sind ein absolut entspannendes Erlebnis.

Feuertanz
Sehen Sie sich bei Sonnenuntergang im Amphitheater des Uluwatu-Tempels eine Vorführung des aufregenden *Kecak*-Feuertanzes an (tägl. ab 18 Uhr; *siehe S. 68*).

Clubleben
Relaxen Sie am Strand oder machen Sie Party in einem der Beach oder Day Clubs.

Hinunter zum Strand
Verlassen Sie ausgetretene Pfade: Steigen Sie die 535 Stufen zum fantastischen weißen Nyang Nyang Beach hinunter und genießen Sie die Ruhe.

16
Uluwatu

D5

Balis Surf-Hotspot Uluwatu ist aufgrund der weltberühmten Wellen die beliebteste Surfdestination auf der Halbinsel Bukit. In der Region gibt es viele Clubs – am Strand und auf den Klippen – mit Pools, Sonnenliegen und feinen Restaurants. Viele *warungs* auf den Klippen bieten einen fantastischen Blick auf die Surfer, kaltes Bier und lokale Gerichte wie *nasi goreng* und gebratene Nudeln. Bei den Unterkünften hat man die Wahl zwischen glamourösen privaten Anwesen, Ferienvillen und internationalen Boutiquehotels sowie einfachen Homestays. Trotz der Hipster-Atmosphäre und der boomenden Bar-, Café- und Restaurantszene geht es in Uluwatu doch um einiges gemächlicher zu als etwa in Kuta und Seminyak.

Den Suluban Beach erreicht man über eine steile Betontreppe durch einen engen Durchlass im Fels. Der wunderschöne Strand punktet mit glitzerndem, aquamarinblauem Wasser, das von Höhlen und Gezeitenbecken umgeben ist. Achten Sie auf jeden Fall auf die Gezeiten, die Strömungen sind sehr stark, und die Wellen können durch Höhlenöffnungen krachen. Von hier paddeln Surfer zum Riff hinaus – ein Surfspot, der nur für Könner geeignet ist.

Die Region ist auch bekannt wegen des berühmten Tempels Pura Luhur Uluwatu *(siehe S. 66f)*. Vorstellungen des *Kecak*-Tanzes finden dort jeden Tag ab 18 Uhr im offenen Amphitheater neben dem Tempel statt.

↑ *Surfer zwischen den Felsen bei Uluwatu*

Bars

Single Fin
Der riesige Balkon der Bar mit Blick auf die Wellenbrecher von Uluwatu lockt zum Sonnenuntergangsbier.

D5 Pantai Suluban, Jalan Labuan Sait, Uluwatu
singlefinbali.com

Ji Terrace by the Sea
Die gehobene Bar am Strand von Canggu ist bekannt für ihre panasiatischen Fusionscocktails, die große Auswahl an japanischem Sake und die regelmäßigen DJ-Abende.

D4 Jalan Pantai Batu Bolong, Canggu
jirestaurantbali.com

Delpi Rock Lounge
Von der Café-Bar direkt an einem Felsen hat man einen schönen Blick auf den Strand.

D5 Jalan Uluwatu, Pecatu
+62 878 6001 6022

17
Ungasan

E5

Vom Dorf Ungasan, vier Kilometer vom Garuda Wisnu Kencana Cultural Park *(siehe S. 83)* auf der Halbinsel Bukit entfernt, erstreckt sich der Bezirk Ungasan bis zu Balis südlichster Klippe mit Karma Beach Club, Sunday's Beach Club, Banyan Tree Resort, Melasti Beach und dem abgelegenen Green Bowl

→ *Sonnenliegen und Schirme in einem Luxus-Strandresort in Nusa Dua*

Beach. Da es keine Küstenstraße gibt, dauert es etwas, bis man auf kleinen gewundenen Straßen von einem Ort zum nächsten kommt. Green Bowl erreicht man über eine Treppe mit 300 Stufen. Bei Ebbe kann man hier gut schnorcheln, die Surfwellen sind auf der anderen Seite des natürlichen Riffs zu finden.

Der wunderschöne Suluban Beach punktet mit glitzerndem, aquamarinblauem Wasser, das von Höhlen und Gezeitenbecken umgeben ist.

18

Nusa Dua

E4 Denpasar; +62 361 225 649

Nusa Dua (»zwei Inseln«) ist nach den zwei Halbinseln an seiner Küste benannt. Das Areal besteht hauptsächlich aus Luxusherbergen, die von großen Hotelketten geführt werden. Die Sandstrände sind sauber. Der mit Statuen gesäumte Eingangsweg des Nusa Dua Beach Hotel führt durch ein großes *candi bentar* (geteiltes Tor) mit geschnitzten Fröschen als Wächterfiguren.

Innen herrscht eine vornehme, aufgeräumte Atmosphäre. Der Stil der beeindruckenden Zugänge wird als »Bali-Barock« oder »Neue Tradition« bezeichnet. Junge Besucher werden die Fischteiche mit leuchtend farbigen Kois (Zuchtkarpfen aus Japan), die zwischen Seerosen umherschwimmen, mögen. Der Bali National Golf Club besitzt einen Golfplatz mit drei Geländetypen (Hochland, Kokospalmenhain und Küste). Außerdem gibt es regelmäßig Tanz- und sonstige kulturelle Veranstaltungen.

Weitere Einrichtungen in Nusa Dua sind das Bali International Convention Center, die Bali Collection Mall, Restaurants und das große **Museum Pasifika** mit Kunstwerken, darunter Gemälden, Skulpturen und Textilien, von Kulturen aus dem Asien-Pazifik-Raum, die mehrere Jahrhunderte umspannen. Zu sehen sind auch Gemälde aus dem 20. Jahrhundert von europäischen Künstlern, die in Bali lebten, darunter Arie Smit, Adrien-Jean Le Mayeur und Theo Maier.

Umgebung: Das lebhafte Dorf Bualu liegt vor den Toren des Nusa-Dua-Komplexes. Einige Straßen werden von Restaurants, die frischen Fisch servieren, und Kunsthandwerksläden gesäumt.

Zwischen dem Sheraton Laguna und dem Grand Hyatt Hotel erstreckt sich eine grün bewachsene Landzunge mit balinesischen Schreinen. Hier hat man eine schöne Sicht. Südlich von Geger Beach führt ein Pfad zu dem kleinen Tempel Pura Geger.

Westlich von Nusa Dua, an der Straße nach Uluwatu, befindet sich das Kulturzentrum GWK (Garuda Wisnu Kencana oder »Golden Garuda Vishnu«, *siehe S. 83*), in dem regelmäßig traditionelle Tanz- und Theatervorstellungen stattfinden.

Museum Pasifika

Area Block P, Nusa Dua tägl. 10–18

museum-pasifika.com

Felsbogen und Korallenriff (Detail) *an der Küste von Nusa Penida* ↑

19

Nusa Penida

FG4 von Sanur, Kusamba und Padang Bai
Klungkung; +62 366 21 448

Die (noch) ruhige Insel, einst die Strafkolonie des Raja von Klungkung, ist die legendäre Heimat von Ratu Gede Mecaling, dem balinesischen »König der magischen Kräfte«. Hier sind balinesische Sprache und Kunst ursprünglicher als auf der Hauptinsel.

Die Landschaft ist eher karg, ähnlich den Kalksteinhügeln der Bukit-Halbinsel. Zur Südküste hin, mit ihren hohen weißen Klippen, gibt es einige üppiger bewachsene Hügel.

Nusa Penida, das sehr beliebt ist für einen Tagesausflug, erreicht man von Sanur aus in 30 Minuten mit einem Schnellboot. Hier gibt es keine großen Hotelresorts oder schicke Restaurants, aber etliche Homestay-Angebote, günstige Hotels und gute *warungs*, die relativ neu an der Nordküste gebaut wurden. An der nordöstlichen Küste liegt der wunderbare, abgelegene Atuh Beach. Einen Großteil der westlichen und der südlichen Küste erreicht man nur über Straßen mit vielen Schlaglöchern. Am besten mietet man ein Motorrad. Die Strände Broken Beach, Angel's Billabong und Kelingking Beach warten mit einer atemberaubenden Szenerie und herausragenden Blicken auf.

Auf der Insel wird etwas Baumwolle angebaut. Aus ihr wird *cepuk*, eine Art *ikat*, gewebt *(siehe S. 136)*, der Stoff soll magische, schützende Kräfte haben. Außerdem gibt es hier Seetang-Farmen.

Auf Nusa Penida stehen interessante Tempel. Einer ist der Pura Ped im Dorf Toyapakeh auf einer Insel in einem großen Lotosteich. Unter den Schnitzereien des Pura Batu Kuning bei Semaya befinden sich erotische Motive. Der *pura desa* oder Dorftempel des im Inneren der Insel liegenden Dorfs Batumadeg besitzt einige interessante dekorative Reliefs. Sie zeigen Meerestiere wie Krabben und eine Art Schalentier. Das Haupttor des Tempels ist besonders eindrucksvoll.

An der südwestlichen Küste steht der Tempel Pura Gunung Cemeng oben auf den Klippen. Von den benachbar-

Entdeckertipp
Atuh Beach

Den herrlichen weißen Sandstrand Atuh Beach auf Nusa Penida erreicht man über eine steile Treppe oder auf einem Pfad die Klippenwand entlang. Hier gibt es Cafés, Strandliegen und Sonnenschirme.

ten Riffen sieht man majestätisch dahingleitende Mantas im 200 Meter darunterliegenden Wasser. Etwas südlich von Suana befindet sich die heilige Kalksteinhöhle Goa Karangsari.

Auf Nusa Penida leben auch viele seltene Vogelarten. Die Friends of the National Parks Foundation (FNPF) kümmert sich seit 2004 um deren Ansiedlung.

Das Wasser vor der Küste ist kristallklar, allerdings ist die Strömung tückisch. Hier können erfahrene Taucher viele Meerestiere beobachten. Es gibt sehr schöne Korallenformationen. Vor allem die Südküste ist berühmt für die seltenen Mondfische. Im Dezember und Januar stehen sie wie Ballons im Wasser. Auch Marline und Walhaie kann man gelegentlich sehen. Vor dem Nordteil sind die Gewässer ebenfalls sehr klar, jedoch etwas flacher und ruhiger, insbesondere in der Meerenge zwischen Nusa Penida und Nusa Lembongan. Die meisten Taucher nehmen Arrangements der Tauchclubs in Sanur wahr.

20

Nusa Lembongan

F4 von Sanur, Kusamba und Padang Bai
Klungkung, Jalan Untung Surapati 3; +62 366 21 448

Die kleine Insel bietet unverfälschte Strände für Sonnenanbeter und Korallenriffe für Schnorchler und Taucher. Auch Vogelbeobachter kommen auf ihre Kosten.

Tagestrips zu den Inseln sind seit Anfang der 1990er Jahre möglich. Jet-Katamarane bieten die Überfahrt an, z. B. Bali Hai (www.balihaicruises.com). Deshalb ist die Insel heute stärker frequentiert. Auch lokale Bootsverleiher bieten Trips zur Insel an. Unter den Booten gibt es auch *pinisi*, eine Art indonesisches Segelschiff, das von der Insel Sulawesi stammt. Bootsverleiher vermieten auch Wassersport-, Tauch- und Schnorchelgeräte.

Auf der Insel befindet sich ein ausgedehntes unterirdisches Haus. Die Höhle wurde einst von einem balinesischen Priester gegraben, nachdem ihm dies die Götter im Traum befohlen hatten. Heute ist die Höhle eine gut besuchte Kuriosität.

Wer unberührte Inseln ohne Autos mag, für den ist Nusa Lembongan ideal, um eine Nacht oder zwei zu bleiben. Sind die Tagesausflügler erst einmal weg, dann herrscht hier (noch) himmlische Ruhe.

21

Nusa Ceningan

F4

Die kleine Insel Nusa Ceningan ist mit Nusa Lembongan über eine gelbe Hängebrücke verbunden. Auf der Insel gibt es ein kleines Dorf, das vom Algenanbau lebt. Am späten Nachmittag sieht man viele Boote bei der Pflanzung, ein Bild, das an einen schwimmenden Markt erinnert. Die meiste Arbeit übernehmen hier die Frauen. Die Algen wachsen schnell und müssen alle 45 Tage geerntet werden. Danach werden sie getrocknet und exportiert, vor allem nach Japan. Dort werden sie in Kosmetika, Lebensmittelstabilisatoren und Arzneimitteln eingesetzt. Auf Nusa Ceningan liegen auch die Blue Lagoon und Secret Beach mit kristallklarem Wasser.

Restaurants

Tigerlillys

Tigerlillys, eine tropische Oase, serviert im gleichnamigen Hotel Frühstück, Snacks, Mittag- und Abendessen. Zu den Highlights gehören Acai-Schalen und *san choy bau* (Salat-Wraps).

F4 Jalan Jungutbatu, Jungutbatu, Nusa Lembongan tigerlillys lembongan.com

Rp Rp Rp

Sandy Bay Beach Club

Das Restaurant am Strand mit Pool bietet den ganzen Tag über asiatische und internationale Gerichte.

F4 Jalan Sandy Bay, Jungutbatu, Nusa Lembongan W sandy baylembongan.com

Rp Rp Rp

Ogix Warung

Hier gibt es fantastische Meerblicke und klassische regionale Gerichte.

F4 Suana, Nusa Penida +62 813 3937 7892

Rp Rp Rp

Reisterrassen beim Dorf Tegallalang (siehe S. 108f)

Zentralbali

Balis weitläufige Hügellandschaft mit ihren Reisterrassen und Hunderten von Dörfern war die Wiege der traditionellen balinesischen Gesellschaft. Zentralbali ist das Gebiet des einstigen Königreichs von Gianyar, das aus vielen *puri* (Adelshäusern) bestand. Ihr früherer Glanz lebt in den höfischen Künsten Bildhauerei, Malerei, Gold- und Silberschmiedearbeiten, Musik, Tanz und Theater weiter.

Zwischen den Flüssen Petanu und Pakerisan finden sich die Überreste einer der ältesten Zivilisationen Balis. Vom 9. bis 11. Jahrhundert wurde Bali von hinduistisch-buddhistischen Königreichen bei Pejeng und Bedulu, unweit von Ubud, regiert. Nach der Eroberung durch die Majapahit-Könige im 14. Jahrhundert wechselte das Machtzentrum nach Klungkung, kehrte aber im 18. Jahrhundert hierher zurück. Zu jener Zeit wuchsen Linien der Klungkung-Dynastie zu rivalisierenden Königreichen heran, zwei von ihnen in Sukawati und Gianyar. Trabanten-*puri* wetteiferten in architektonischer und ritueller Pracht mit den herrschenden Dynastien.

In den 1930er Jahren, als sich westliche Künstler und Intellektuelle hier niederließen, wurde Ubud weltweit als Tor zu Balis einzigartiger Kulturlandschaft bekannt. Heute haben sich viele Bauern dem Fremdenverkehr zugewandt und betreiben traditionelles Kunstgewerbe.

Sengkaduan
Pelaktiying
Telaga Waja
Kerta
Buahan Kaja
Tegal Suci
Bangkled
Puakan
Tegalsuci
Kayuambua
Tiga
Puhu
Carik
21 Taro
Tegal Payang
Ponggang
Puhu
Poyan
Wos
Petang
Pontang
20 Sebatu
Kayang
Pura Tirta Empul
BANGLI
Semaon
Tatag
Sulahan
Lebah
Kebon
Königliche Denkmäler Gunung Kawi
Perean Tengah
Tegalsuci
Payangan
22
Tampaksiring
Getasan
Bukit
Tegallalang 19
Padpadan
Bangli
Samuan
Kenderan
Petanu
Demulih
Ayung
Sanding
Bebalang
Kelabangmoding
Madangari
Petak
Nord- und Westbali
Seiten 144–167
Suwat
Junjungan
Kabetan
18 Petulu
Sangeh
Kedewatan
Tarukan
Gaga
16 Ayung-Schlucht
GIANYAR
Selat
Ostbali
Seiten 112–143
Sayan
2 Ubud
Penestanan
Pejeng
Bakbakan
14
Jagaperang
Peliatan 15
13
11 Bedulu
Bunutin
Dauh Yeh Cani
Ayung
Goa Gajah
Pengosekan
Sidan
Bitera
Tusan
Kutri
Abiansemal
Kunba
Pakerisan
9
Peteluan
12
Gianyar
Mambal
Mas
Petanu
Tegal Tugu
Singapadu
Wos
Blahbatuh
10 Bona
Tulikup
Kaler
Sakah
8
Tedung
Sedang
17
Blega
Kemenuh
Lebih
BADUNG
Batuan 6
Medanan
Pering
7 Sukawati
Cucukan
Bali Reptile Park 4
Singapadu
Tebuana
Bali Bird Park 1
5
Saba
Celuk
Batubulan 3
Guwang
Rangkan
Kangin
Batuaji
Ayung
Pabean
Ketewel
Südbali
Seiten 62–89
Gumicik

Zentralbali

Highlights

1. Bali Bird Park
2. Ubud

Sehenswürdigkeiten

3. Batubulan
4. Bali Reptile Park
5. Celuk
6. Batuan
7. Sukawati
8. Blahbatuh
9. Gianyar
10. Bona
11. Bedulu
12. Mas
13. Goa Gajah
14. Pejeng
15. Peliatan
16. Ayung-Schlucht
17. Kemenuh
18. Petulu
19. Tegallalang
20. Sebatu
21. Taro
22. Tampaksiring

1

Bali Bird Park

E4 Jalan Serma Cok Ngurah Gambir, Singapadu, Batubulan +62 361 299 352
tägl. 9–17:30 Nyepi balibirdpark.com

Auf einstigen Reisfeldern wurde 1995 der Bali Bird Park (Taman Burung) angelegt, in dem Besucher viele Vögel aus Indonesien, Lateinamerika, Afrika und Australien aus nächster Nähe sehen können.

Hier leben an die 1000 Vögel, viele von ihnen in großen begehbaren Vogelhäusern oder Volieren. Der Park hat sich der Bewahrung bedrohter Vogelarten verschrieben, einige sollen durch Zuchtprogramme gerettet werden, darunter auch 40 Arten indonesischer Vögel. In den Bereichen, in denen die Vögel leben, werden deren natürliche Lebensräume nachgestellt. Deshalb gibt es hier auch mehr als 300 exotische Bäume und Pflanzen in einer landschaftlich schönen Szenerie.

Vogelarten

Zu den 250 Arten, die im Bird Park leben, gehören der Australische Pelikan, ein großer Wasservogel, der teilweise bis nach Indonesien wandert, und die kleineren Arten der Paradiesvögel aus Neuguinea, die fast bis zum Aussterben gejagt wurden. Man sieht auch die Victoria-Krontaube, eine von drei Krontaubenarten aus Neuguinea, die Nikobarentaube, den sprachbegabten Graupapagei und den Orienthornvogel mit seinem ausgeprägten, lauten Ruf.

Zu den Arten, die im Park gezüchtet werden, gehören auch Balis einzige endemische Vogelart, der vom Aussterben bedrohte Balistar *(Leucopsar rothschildi)* *(siehe S. 149)*, einige Papageien- und Kakaduarten aus Indonesien und der australische Inka-Kakadu.

Scharlachibisse, soziale und gesellige Vögel, stammen ursprünglich aus Südamerika ↑

1 *Der Balistar ist die letzte endemische Vogelart Balis.*

2 *Afrikanische Kronenkraniche*

3 *Die bunten Sittiche stammen aus Südamerika.*

Schon gewusst?

Der Scharlachibis ist der weltweit einzige rote Küstenvogel.

Indonesische Eulen

Die Nachtvögel erlebt man nur selten in freier Wildbahn. Deshalb sind der Sunda-Fischuhu und der Malayen-Uhu Glanzlichter des Parks. Diese Großvögel ernähren sich von Nagetieren. In Indonesien gibt es 38 bekannte Eulenarten, viele sind nur auf den kleineren Inseln heimisch. Ihre Vorliebe für abgeschiedene Gegenden sind Gründe dafür, dass man nur wenig über sie weiß.

← *Der Fischuhu lebt am Wasser und frisst Fisch*

↑ *Pura Taman Saraswati mit einem Teich wunderschöner Lotosblüten*

2

Ubud

E3 von Denpasar und Kuta Jalan Raya Ubud; +62 361 973 285 Balinesische Vorführungen: tägl.; Infos bei der Tourismusinformation

Ubud, das kulturelle und künstlerische Herz Balis, ist seit Langem als das »Dorf der Maler« bekannt. In den 1930er Jahren kamen viele internationale Künstler hierher, um das »wahre Bali« einzufangen. Heute ist die Stadt voller Ateliers, Galerien und Läden, die Kunsthandwerk anbieten.

①

Pura Taman Saraswati

Jalan Kajen bei Jalan Raya Ubud tägl.

Der Tempel wurde um 1950 von dem balinesischen Bildhauer und Architekten I Gusti Nyoman Lempad in traditionellem balinesischem Stil auf Geheiß des Prinzen von Ubud zu Ehren von Saraswati, Gottheit des Wissens, des Lernens und der Kunst, errichtet. Er steht in einem Wassergarten mit zentralem Lotosteich. Der Tempel besitzt Arbeiten von Lempad selbst: eine drei Meter hohe Statue des Dämons Jero Gede Mecaling und den *Padmasana*-Schrein, der dem höchsten Gott gewidmet ist.

②

Puri Saren

Jalan Raya Ubud
+62 361 975 057 tägl.

Ubuds prächtiger Königspalast stammt aus den 1890er Jahren, als Kriegsherr Cokorda Gede Sukawati an der Macht war. Die heutigen Mauern, prächtigen Tore und Steinreliefs sind hauptsächlich Arbeiten des Künstlers I Gusti Nyoman Lempad. Die traditionellen Gebäude liegen inmitten eines charmanten Gartens. Die königliche Familie *(puri)* lebt immer noch hier, beeinflusst Ubuds religiös-kulturelles Leben und beteiligt sich an Zeremonien. Im Palast finden jeden Abend (19:30) Tanzvorführungen statt.

③

Lempad-Haus

Jalan Raya Ubud
+62 361 975 618 tägl.

Das Haus ist das Familienanwesen von I Gusti Nyoman Lempad (1862–1978), Balis vielleicht berühmtestem Künstler. Einige seiner Skulpturen kann man im schönen balinesischen Garten sehen sowie eine kleine Auswahl seiner Zeichnungen und Gemälde im Haus. Das Neka Art Museum *(siehe S. 98)* zeigt jedoch eine bessere und größere Auswahl seiner Werke.

Lempad war auch Architekt und Bauherr im traditionellen Stil, die stattlichen Pavillons im Osten und Norden

Expertentipp
Information

Das Tourist Information Centre an der Jalan Rayan Ubud bietet exzellente Informationen zu geführten Touren, Transportmöglichkeiten, Tanzvorführungen und anderen kulturellen Events in Ubud. Man erfährt auch, wie man sich am besten für einen Tempelbesuch kleidet.

des Hauses hat er entworfen. Er war auch der Architekt vieler Paläste und Tempel in Ubud. Mit seinen Zeichnungen, bei denen er sich von der lokalen Folklore inspirieren ließ, hatte er einen großen Einfluss auf die balinesische Kunstszene.

④ Pasar Ubud

Jalan Raya Ubud, gegenüber dem Puri Saren
tägl.

Auf Ubuds riesigem und geschäftigem Markt erledigen Balinesen jeden Morgen ihre Einkäufe, bevor die frischen Waren gegen eher touristenorientiertes Kunsthandwerk ausgetauscht werden. An den Ständen gibt es Gewürze, Früchte, Gemüse, Geräte, Textilien und gewobene Körbe. Alles, was hier verkauft wird, stammt aus Bali. Wenn Sie mehr an Souvenirs oder Kunsthandwerk interessiert sind, sollten Sie etwas später kommen. Dann finden Sie Holzschnitzereien, Windspiele, Gemälde, Taschen, Quilts, Sarongs, Silberschals, traditionelle Textilien wie *ikat* und viel Kunsthandwerk wie Lampen, Untersetzer und Holztabletts. Alles wird in den umliegenden Dörfern hergestellt. Wenn man etwas kaufen will, sollte man unbedingt handeln.

⑤ Pondok Pekak Library and Learning Center

An der Ostseite des Fußballplatzes, Monkey Forest Road **Mo–Sa 9–17, So 13–17**

Die Bücherei besitzt mehr als 30 000 Titel, darunter Bestseller, philosophische Werke, Biografien und Kinderbücher, viele davon auch auf Englisch.

Das hervorragende Lernzentrum, das sich der Bewahrung von traditioneller balinesischer Kunst und Kultur verschrieben hat, bietet für Besucher interessante Kurse zu Kochkunst, traditionellem balinesischem Tanz, *Gamelan*-Musik, zur Herstellung von typischen Opfergaben, Früchteschnitzerei, Silberschmiedekunst, Holz- und Maskenschnitzerei und vielen anderen Kunsthandwerken. Das Lernzentrum ist auch ideal für Familien, da es viele Kurse gibt, die speziell auf Kinder ausgerichtet sind.

↑ *Auf dem Pasar Ubud (Markt) gibt es viele Stände mit buntem Kunsthandwerk*

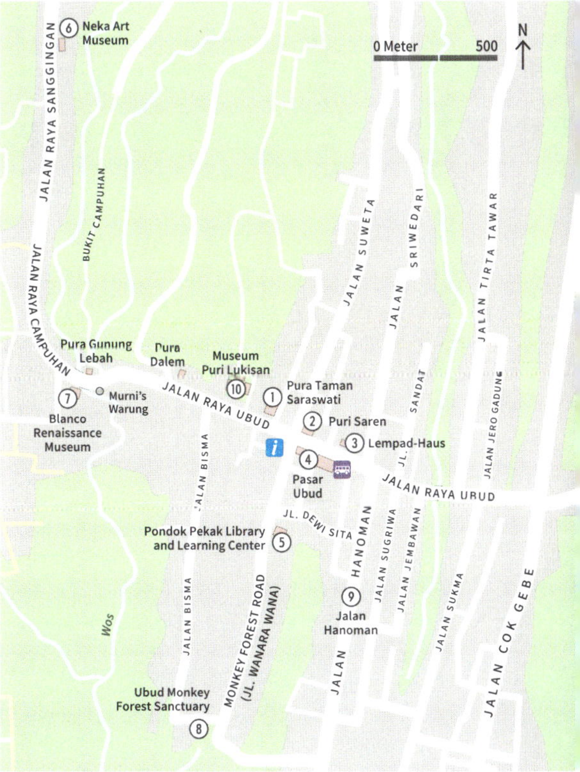

⑥ Neka Art Museum

Jalan Raya Sanggingan, Campuhan +62 361 975 074 Mo – Sa 9 –17, So 12 –17

Das 1976 von dem Kunstsammler Suteja Neka gegründete Museum besteht aus mehreren Pavillons, in denen man einen Überblick über die Stile balinesischer Malerei gewinnt. Die Bandbreite zieht sich von klassischen *Wayang*-Gemälden über die Ubud- und Batuan-Stile bis zu zeitgenössischen Arbeiten. Der Arie Smit Pavilion ist dem in den Niederlanden geborenen Künstler gewidmet, im East-West Annexe werden Werke internationaler Künstler wie Miguel Covarrubias, Rudolf Bonnet, Han Snel und Donald Friend gezeigt. Außerdem sind Schwarz-Weiß-Fotos von Bali aus den 1930er und 1940er Jahren von Robert Koke zu sehen sowie Balis größte Sammlung von I Gusti Nyoman Lempad.

↑ *Steinfigur mit einem* keris *(traditioneller Dolch) im Neka Art Museum*

Restaurant

Murni's Warung
Ubuds erstes richtiges Restaurant, 1974 von Ibu Murni gegründet, die es immer noch betreibt, ist berühmt für exzellente regionale Gerichte und Kunstwerke.

Jalan Raya Campuhan, Ubud
murnis.com

Rp Rp Rp

⑦ Blanco Renaissance Museum

Jalan Raya Campuhan, Campuhan-Brücke
tägl. 9 –17
blancomuseum.com

Der von Bali faszinierte spanische Künstler Antonio Blanco (1912 –1999) baute in den 1950er Jahren das palastartige Haus mit Atelier am Ende einer Auffahrt in Ubud nahe der Campuhan-Brücke. Der extravagante Blanco ist vor allem für romantische Gemälde, Collagen und illustrierte Poesie sowie Lithografien bekannt, die zumeist Frauen zeigen. Zu seinen Modellen gehörten auch seine balinesische Frau, die bekannte Tänzerin Ni Ronji, und ihre gemeinsame Tochter.

Die Hauptgalerie ist eine riesige Halle mit Marmorboden, Säulen und einem Kuppeldach. An den Wänden hängen über 300 von Blancos Werken in ungewöhnlichen Rahmen in chronologischer Reihenfolge sowie einige Gemälde seines Sohns Mario. Im Garten mit Wasserfall leben Papageien und andere exotische Vögel. Von hier hat man einen schönen Blick auf den Fluss.

Schon gewusst?

Die Zähne zu fletschen, gilt bei den Makaken als Zeichen der Aggression.

⑧ Ubud Monkey Forest Sanctuary

Monkey Forest Road, Padangtegal tägl. 8:30 – 18 monkeyforestubud.com

Am Ende der Monkey Forest Road liegt das Monkey Forest Sanctuary, ein Schutzgehege für Javaneraffen *(Macaca fascicularis)*. Es ist faszinierend, ihnen zuzusehen. Folgen Sie den Pfaden durch den Wald und verstecken Sie Ihre Kamera und andere glänzende Objekte, da diese sich die Makaken schnappen könnten. Sollten Sie trotzdem »beraubt« werden, wenden Sie sich ans Personal.

Im Schutzgebiet liegen auch drei Tempel aus dem 14. Jahrhundert. Der größte

Highlight

↑ *Makake auf einer Treppe im Ubud Monkey Forest Sanctuary*

ist Pura Dalem Agung (Großer Tempel der Toten) mit schön beschnitztem Tor am höchsten Punkt des Waldes. Eine lange Treppe sowie eine Brücke über einen Fluss führen zum Holy Bathing Temple. Der dritte Tempel, Pura Prajapati, liegt neben einem der zwei Friedhöfe im Wald. Obwohl der Wald nicht groß ist, finden sich hier 115 verschiedene Baumarten.

⑨

Jalan Hanoman

Die Jalan Hanoman verläuft parallel zur Monkey Forest Road und ist gesäumt von kleinen Läden, die Haushaltswaren, Schmuck, Kleidung und Kunst verkaufen. Viele Bekleidungsläden führen auch Yoga-Zubehör und spirituelle Gegenstände wie *Cakra*- und *Mandala*-Gemälde aus dem Himalaya, tibetische Klangschalen, Kristalle und Meditationsperlen sowie Räucherwerk, aromatische Öle und Musikinstrumente.

In der Straße gibt es darüber hinaus eine gute Auswahl an Restaurants und kleinen Cafés, von denen viele vegetarisch sind. Das Bildnis von Affengott Hanoman, nach dem die Straße benannt ist, sieht man an den Tempeln in der Straße.

Einflussreiche Besucher in den 1930ern

Bali verdankt seinen Ruhm auch internationalen Gästen der Königsfamilie in Ubud in den 1920er und 1930er Jahren. Deren Filme, Bücher und Fotografien machten die Exotik Balis bekannt. Besonders einflussreich waren der deutsche Maler und Musiker Walter Spies *(rechts)*, der holländische Maler Rudolf Bonnet, Mitbegründer der Pita-Maha-Künstlervereinigung, und der Mexikaner Miguel Covarrubias, Autor von *Island of Bali* (1937). Die Anthropologen Margaret Mead und Gregory Bateson lebten in Sayan bei Ubud. Ihre Nachbarn waren der Komponist Colin McPhee und seine Frau, die Ethnografin Jane Belo.

⑩

Museum Puri Lukisan

Jalan Raya Ubud +62 361 971 159 tägl. 9–18 Feiertage purilukisanmuseum.com

Das Museum Puri Lukisan (»Palast der Malerei«) mit exzellenten Beispielen aller Richtungen moderner balinesischer Kunst hat eine riesige Sammlung von Gemälden und Holzschnitzereien und ist eines der führenden Kunstmuseen Balis.

Das Museum war die Idee von Ubuds Prinz Cokorda Gede Agung Sukawati und dem holländischen Maler Rudolf Bonnet. Es entstand 1953 in der Sorge, dass Balis beste Kunstwerke in Privatsammlungen auf der ganzen Welt verschwinden würden. Das Museum zeigt überwiegend balinesische Malerei und Holzskulpturen des 20. Jahrhunderts, darunter bedeutende Sammlungen aus den 1930er Jahren. Die Anlage mit Gärten und Teichen ist eine schattige Oase der Ruhe mitten im Zentrum von Ubud.

Balinesische Gemälde

Balinesische Bilder sind außergewöhnlich detailreich. Selbst mit wenig Kunstwissen kann der Betrachter in die fantasievolle Welt der modernen und traditionellen Gemälde eintauchen. Es empfiehlt sich, die balinesischen Werke zunächst einmal aus der Distanz zu betrachten, um die Gesamtkomposition erfassen zu können, bevor man die Details aus der Nähe inspiziert. Dabei entdeckt man oft mehrere winzige Szenen, die sich auf der Leinwand abspielen, ähnlich wie in einem Comicstrip.

←

Die Reisgöttin Dewi Sri (1960) mit einem Reiskorn in der Hand von Ketut Djedeng

Highlight

↑ *Haupteingang zum Museum Puri Lukisan mit Gärten und Teichen; im Museum* (Detail) *wird moderne balinesische Kunst gezeigt*

SEHENSWÜRDIGKEITEN

3

Batubulan

E4 · Ubud; +62 361 973 285

Batubulan ist ein Zentrum der traditionellen Steinmetzkunst. Das frühere Dorf breitete sich in den letzten Jahrzehnten stark aus und ist nun Teil von Denpasar. Viele Läden, die »antike« Möbel vertreiben, säumen die Hauptstraße. In zahllosen offenen Werkstätten arbeiten Handwerker – vom Verkehr und Treiben auf der Straße unbeeindruckt – an mythisch-religiösen Figuren oder fantasievollen modernen Skulpturen.

Der Dorftempel **Pura Puseh** ist ein gutes Beispiel für den Gebrauch von *paras*, Balis grauem Stein, einem vulkanischen Tuff, der aus den Schluchten gewonnen wird. *Paras* wird als Bau- und Skulpturenmaterial verwendet. Aufgrund seiner weichen Beschaffenheit ist er leicht zu bearbeiten.

Batubulan ist auch Heimat mehrerer Barong- und *Keris*-Tanzgruppen. Alle zwei Wochen finden im Pura Puseh Aufführungen der Denjalan-Truppe statt. Dazwischen wird der Tempel als *bale banjar* (Gemeindepavillon) genutzt. Auch andere Ensembles treten auf. Tagesvorstellungen gibt es erst seit den 1930ern, weil Besucher fotografieren wollten.

Pura Puseh
Hauptstraße Batubulan
tägl.

4

Bali Reptile Park

E3 · Jalan Serma Cok Ngurah Gambir, Singapadu (beim Bali Bird Park)
tägl. 9–17 · Nyepi
balireptilepark.id

Für den Besuch im Bali Reptile Park (Rimba Reptil) und im Bali Bird Park *(siehe S. 94f)* nebenan benötigt man nur eine einzige Eintrittskarte. Die beiden Parks sind ähnlich gestaltet. Obgleich etwas kleiner als der Bird Park, ist der Reptile Park ebenfalls in einem botanischen Garten untergebracht. Die Anlage ist im Stil einer antiken archäologischen Stätte gehalten, die ausgegraben und originalgetreu restauriert wurde. Hier kann man alle Reptilienarten Indonesiens besichtigen, etwa Komodowarane, vier Krokodilarten und die angeblich größte in Gefangenschaft lebende Pythonschlange. Giftschlangen sind in Glasterrarien zu sehen, darunter eine Königskobra, eine Malaiische Mokassinotter und eine Todesotter.

5

Celuk

E3 · Ubud; +62 361 973 285

Das Dorf Celuk widmet sich fast ganz der Gold- und Silberschmiedekunst. Ein Großteil des Schmucks, der auf Bali verkauft wird, stammt von hier. Die Goldschmiede gehören zur Kaste der Pande Mas, der traditionellen Metallhandwerker. Große Schmuckläden liegen in der

Batubulans Pura Puseh, ein Veranstaltungsort für traditionelle Barong- *und* Keris-*Vorführungen* ↑

Balinesischer Silberschmuck

Mit den einfachsten Werkzeugen stellen balinesische Silberschmiede wunderbare Schmuckstücke her. Oft wird Silber mit kleinen Emailkugeln verbunden und dann erhitzt – das Ergebnis ist überaus dekorativ. Diese kleinen Kunstwerke werden dann wiederum mit Edel- und Schmucksteinen besetzt. Der balinesische Schmuckstil ist sehr charakteristisch und wird ständig kopiert.

Hauptstraße, kleinere mit preiswerter Ware in den Seitenstraßen. Mehrere Werkstätten produzieren sowohl traditionellen und modernen Schmuck als auch *Keris*-Dolche und sakrale Objekte. Sie machen auch Auftragsarbeiten. Achtung: Die Preise enthalten eine Kommission für den Reiseleiter, oft 40 bis 60 Prozent.

6

Batuan

E3 Ubud; +62 361 973 285

Batuan, eine uralte Siedlung, in der vor allem Brahmanen leben (sie gehören zur vornehmsten Kaste in der Sozialstruktur Balis), ist für ihre künstlerischen Leistungen nicht nur im Bereich des Tanzes, sondern auch der Malerei und Architektur bekannt. Die Batuan-Malschule steht für dichte Grafik, fast monochrome Farbgebung und genaue Beobachtung des täglichen Lebens.

Der herrliche Dorftempel Pura Puseh heißt Besucher willkommen. Die prächtigen Schreine und Schnitzereien beweisen, dass Balis traditionelle Baukunst immer noch existiert. Jeden Monat finden am 1. und 15. um 19 Uhr im Tempel *Gambuh*-Vorstellungen statt, eine Gelegenheit, den alten Hoftanz zu sehen.

7

Sukawati

E3 Ubud; +62 361 973 285

Das Handwerkszentrum Sukawati ist einen Besuch wert. Gegenüber dem Bauernmarkt auf der Ostseite der Hauptstraße liegt der Pasar Seni (»Kunstmarkt«), ein Komplex zweistöckiger Gebäude voller Verkaufsstände. Dahinter verkauft ein Markt Holzschnitzereien.

Balinesen halten Sukawati für den Ahnensitz vieler *puri* (Adelshäuser) der Region sowie für das Zentrum des heiligen Schattenspiels *wayang kulit*. Im 17. Jahrhundert war eine Seitenlinie des Königshauses von Klungkung hier ansässig. Der Palast wurde inzwischen verkleinert. Die Tempel sind nicht für Besucher geöffnet.

8

Blahbatuh

E3 Ubud; +62 361 973 285

Das Dorf wird von einer in den 1990er Jahren aufgestellten riesigen Babystatue überragt. Manche sagen, es sei der Dorfriese Kebo Iwo als Kind, andere, eine Frau aus einem Nachbardorf drängte ihren Mann, die Statue zu errichten, um einen Dämon zu besänftigen, der ihre Kinder bedrohte.

Vihara Amurva Bhumi Blahbatuh, ein großer chinesischer Tempel *(klenteng)* mit buddhistischen und hinduistischen Elementen, ist ein immer beliebter werdendes Zentrum für die chinesischen Buddhisten Südbalis.

Umgebung: Am Dorfrand stehen die Werkstatt und der Showroom der **Sidha Karya Gong Foundry** des Gongschmieds I Made Gabeleran. Hier kann man traditionelle Musikinstrumente und Tanzkostüme kaufen.

Bei Kutri, drei Kilometer nördlich von Blahbatuh, liegt am Fuß eines Hügels der Tempelkomplex Pura Bukit Dharma Kutri. Oben steht ein Schrein mit einem zum Teil gesichtslosen, aber immer noch schönen Relief der Göttin Durga, die einen Bullen tötet. Es soll an eine balinesische Königin aus dem 11. Jahrhundert erinnern.

Sidha Karya Gong Foundry
Jalan Raya Getas-Buruan, Blahbatuh
+62 361 942 798

Balinesen halten Sukawati für den Ahnensitz vieler *puri* (Adelshäuser) der Region sowie für das Zentrum des heiligen Schattenspiels *wayang kulit*.

←
Körbe voller frischer Waren auf dem Hauptmarkt in Gianyar

❾
Gianyar

E3 🚌 Ubud; +62 361 973 285

Die Stadt ist eher Verwaltungs- denn Urlaubszentrum. Balinesen kaufen hier Agrarprodukte, Haushaltswaren und Zubehör für Zeremonien. Es gibt auch einen großen Nachtmarkt. Hier kann man gut Schmuck und handgewebte und -gefärbte Textilien erwerben. Tagsüber haben mehrere Imbissstände an der Bale Banjar Teges (Gemeindehalle) im Zentrum geöffnet. Der *babi guling* (Schweinebraten) ist berühmt.

Hotel

Komune Resort
Das Hotel mit 66 Zimmern, Strandclub, Bio-Restaurant, Spa und Pool liegt an einem abgelegenen schwarzen Sandstrand. Hauptthemen sind hier Surfen, Yoga und Wellness.

E3 Jalan Pantai Keramas, Medahan, Blahbatuh
komuneresorts.com

Rp Rp Rp

Auf der Nordseite des Platzes liegt der eindrucksvolle Puri Gianyar. Obwohl der Palast für Besucher geschlossen ist, geben seine großen Mauern und Tore einen Eindruck der Macht des früheren Königreichs. Nach einem Erdbeben 1917 wurde der Palast im Stil des 17. Jahrhunderts restauriert.

❿
Bona

E3 zwischen Blahbatuh und Gianyar

Südwestlich von Gianyar finanzieren sich etliche Dörfer immer mehr mit der Herstellung von Produkten aus Pflanzenmaterialien. Obwohl diese entweder exportiert oder in Läden auf ganz Bali angeboten werden, können Besucher sie an der Quelle viel günstiger kaufen. Das Dorf Bona ist auf Bambusmöbel spezialisiert. Für Besucher sind aber aus Palmblättern gewobene Objekte wie Fächer aus Transportgründen sicher geeigneter. Die Auswahl ist riesig, die Qualität hoch. Neben Körben, Hüten, Sandalen, Börsen und Fächern gibt es auch Puppen, Blumen und sogar Weihnachtsbäume.

Bona ist darüber hinaus der »Geburtsort« des modernen *Kecak*-Tanzes. *Kecak* war ursprünglich die Musik, die den heiligen Sanghyang-Tanz, der nur in Tempel aufgeführt werden durfte, begleitete. Anfang der 1930er entwickelten Künstler aus Bona dann einen Feuertanz, der auf der Geschichte des Epos *Ramayana* beruhte, als »Ersatz« für den Sanghyang-Tanz, damit dieser auch in der Öffentlichkeit aufgeführt werden konnte.

⓫
Bedulu

E3 🚌 von Ubud
Ubud; +62 361 973 285

Das große, ruhige Dorf war einst Zentrum des Pejeng-Königreichs (10.–13. Jh.). Die monumentalen Reliefs auf der Felswand an der Quelle **Yeh Pulu** südlich des Dorfs sollen aus der Zeit der Majapahit-Eroberung *(siehe S. 54)* im 14. Jahrhundert stammen. Die Reliefs – über 25 Meter lang und mit einer Durchschnittshöhe von zwei Metern – sind wohl das Werk eines einzigen Künstlers. Mythen schreiben das Werk Kebo Iwo, dem sagenhaften Riesen (14. Jh.), zu. Die Geschichten lassen sich aus den lebendig herausgearbeiteten Bildern von links nach rechts lesen, darunter heldenhafte Szenen von Menschen, die Dämonen bekämpfen.

Der Tempel Pura Pengastulan besitzt Tore im Art-déco-Stil. Dieser kam durch den Künstler I Gusti Nyoman Lempad, der in Bedulu geboren wurde, in Mode. Lempads Stil sieht man auch im **Pura Samuan Tiga**. Der Name entstammt einer Sage: Im 11. Jahrhundert soll hier ein Treffen *(samuan)* der Götter dreier *(tiga)* streitender religiöser Sekten stattgefunden haben, nachdem sie den Dämonenkönig Mayadanawa geschlagen hatten.

Die Sage von Bedaulu

Bedulu (oder Bedaulu) war ein Zauberkönig (14. Jh.), der seinen Kopf *(hulu)* abgelegt haben soll, um wirkungsvoller zu meditieren. Eines Tages wurde er gestört und ergriff aus Versehen den Kopf eines Schweins (*beda* = »anders«). Danach war es verboten, den König anzusehen, damit sein hässliches Geheimnis nicht bekannt würde. Doch der Majapahit-General Gajah Mada trickste ihn bei einem Festmahl aus: Als Gajah Mada trank und den Kopf in den Nacken legte, sah er die wahre Natur des Königs und konnte ihn überwältigen.

Das jährliche, farbenfrohe Fest um Purnama Kedasa (Vollmond im zwölften Monat) dauert elf Tage. Ansonsten ist es im Pura Samuan Tiga sehr ruhig. Verpassen Sie nicht die Perang-Sampian-Kriegerzeremonie um die Mittagszeit, eine würdevolle Prozession von weiß gekleideten Frauen, denen sich bekämpfende junge Männer, die Palmwedel schwingen, folgen.

Yeh Pulu
tägl. 7–18

Pura Samuan Tiga
tägl.

12
Mas

E3 von Ubud
Ubud; +62 361 973 285

Das Dorf ist berühmt für seine Teakholzmöbel, die in vielen Läden entlang den Straßen verkauft werden, ebenso für schöne Holzskulpturen und *Topeng*-Masken. Die Brahmanen von Mas sind seit Generationen Meisterschnitzer. Skulpturen werden seit den 1930er Jahren für den Kunsthandwerksmarkt produziert. Zu den etabliertesten Studiogalerien gehören Siadja & Son, Njana Tilem Gallery und Adil Artshop. Tantra Gallery und I B Anom (für Masken) sind ebenfalls bekannt.

Brahmanen kommen zu jedem Galungan-Fest *(siehe S. 52)* aus ganz Bali nach Mas, um im Tempel Pura Taman Pule ihres berühmten Vorfahren, des Hindu-Priesters Dang Hyang Nirartha (auch bekannt als Dwijendra), zu gedenken. Der große alte Baum im Tempel gilt als heilig. Nach hiesigem Glauben wuchs einst eine goldene Blume aus ihm. Der Baum wird während des Fests mit zeremoniellen Farben geschmückt. Am Abend findet dann zumeist eine Ritualvorführung von *wayang wong* statt.

↑ *Beschnitzter Schädel eines Wasserbüffels*

↑ *Felsreliefs bei Yeh Pulu südlich des Dorfs Bedulu*

13

Goa Gajah

E3 · von Ubud · Ubud; +62 361 973 285 · tägl.

Die »Elefantenhöhle« wurde im Westen erst 1923 bekannt. Man glaubt, dass sie aus dem 11. Jahrhundert stammt. Stufen führen 15 Meter unter die Erde zum Tempel und anderen Denkmälern. Die wasserreichen Quellen, die 1954 erschlossen wurden, dienten wahrscheinlich zur Entnahme heiligen Wassers und zum Baden. Die Höhle selbst ist eine kleine, stickige Kammer in Form eines T, deren Felsenwände mit Shiva- und buddhistischen Statuen verziert sind.

Vor der Höhle steht ein Schrein der Gottheit Hariti, Beschützerin der Kinder. Sie ist als die Balinesin Men Brayut, eine arme Frau mit vielen Kindern, dargestellt. Südlich in einer Klamm befinden sich Schreine und eine Quelle.

14

Pejeng

E3 · von Ubud und Gianyar · Ubud; +62 361 973 285

Pejeng, ein Dorf an der Straße von Bedulu nach Tampaksiring, liegt im Herzen des einstigen Pejeng-Bedulu-Königreichs. Es gibt viele Relikte aus dieser Zeit. Das **Museum Purbakala** (Archäologisches Museum) zeigt prähistorische Objekte aus Bronze, Stein und Keramik, z. B. mehrere schildkrötenförmige Steinsarkophage.

Drei Tempel mit heiligen Steinskulpturen stehen in der Nähe. Der Pura Arjuna Metapa (»Arjuna-Meditations«-Tempel) ist ein kleiner Pavillon in den Reisfeldern mit einer Reihe von Steinskulpturen, die wahrscheinlich Teil eines Quellentempels waren. Entsprechend der *Wayang*-Tradition, die Geschichten des *Mahabharata* erzählt, wird Arjuna von einem Diener in einem Steinrelief bewacht. Etwa 100 Meter nördlich steht der Pura Kebo Edan (»Verrückter Riese«-Tempel). Die dämonischen Statuen zeigen, dass dies ein Tempel des Bhairava-Buddhismus war. Hauptfigur ist ein maskierter, 3,60 Meter hoher Riese, der auf einem Leichnam tanzt. Der Pura Pusering Jagat (»Nabel der Welt«-Tempel) besitzt viele Pavillons mit tantrischen Figuren. Das »Pejeng-Gefäß«, eine Urne, in die Figuren aus der Kosmologie gemeißelt sind, steht in der Südostecke.

Zwei Kilometer nördlich von Pejeng steht der Pura Penataran Sasih mit dem »Pejeng-Mond« (*sasih* bedeutet Mond), einer undatierten Bronzetrommel. Sie gilt als heilig und ist in einem hohen Pavillon untergebracht. Tempelführer fordern Besucher manchmal auf, am Fuß des nächsten Schreins stehen zu bleiben. Von hier aus kann man das geometrische Muster der Trommel sehen. Das Muster wird mit der Dong-Son-Kultur Südchinas und Nordvietnams aus der Zeit um 1500 v. Chr. in Verbindung gebracht.

← *Treppe durch den Dschungel zum Eingang der Höhle Goa Gajah* (Detail)

Museum Purbakala

Pejeng · +62 361 942 347 · Mo – Fr 8 –16

Künstler im Agung Rai Museum of Art (ARMA) in Peliatan ↑

Das Agung Rai Museum of Art bietet viele Kurse in traditionellen Künsten an.

15 Peliatan

E3 · von Ubud
Ubud; +62 361 973 285

Das Dorf Peliatan, einst der Sitz eines Nebenzweigs des Königshauses Sukawati, ist für seine künstlerischen Traditionen berühmt. Es war im Ausland schon vor Ubud bekannt. Heute reisen Peliatans *Gamelan*- und Tanzensembles als kulturelle Botschafter ins Ausland und spielen daheim bei traditionellen Ritualen oder für Besucher.

Peliatan ist Zentrum der Malerei und der Holzschnitzerei. An der Hauptstraße und auch in den Nebenstraßen findet man viele Ateliers. Der Sammler Agung Rai gründete die erfolgreiche Agung Rai Gallery und das eindrucksvolle **Agung Rai Museum of Art** (ARMA) im Südwesten Peliatans. Hier sieht man klassische Kamasan-Bilder auf Holzrinde, Werke von Batuan-Künstlern aus den 1930ern, Stücke von javanischen und balinesischen Meistern und Gemälde von Walter Spies, Lempad, Bonnet und Le Mayeur. Es gibt auch Wechselausstellungen zeitgenössischer balinesischer und indonesischer Werke. Das Museum bietet auch viele Kulturkurse an.

Erwähnenswert ist auch das **Rudana Museum**, in dem traditionelle Gemälde balinesischer Künstler sowie einige moderne Werke ausgestellt sind.

Im Nordteil von Peliatan (Andong) gibt es interessante Handwerksläden.

Agung Rai Museum of Art
Jalan Pengosekan · tägl. 9–18
armabali.com

Rudana Museum
Jalan Cok Rai Pudak 44
+62 361 975 779
tägl. 9–17
museumrudana.org

16 Ayung-Schlucht

E3 · von Ubud
Ubud; +62 361 973 285

Das Ostufer der spektakulär schönen Ayung-Schlucht zwischen Kedewatan und Sayan wird von Reisterrassen flankiert und ist unaufdringlich von attraktiven Luxushotels und Privathäusern durchsetzt. Mehrere Unternehmen bieten Wildwasserfahrten von Stellen beiderseits des Flusses aus an.

Umgebung: Im Dorf Penestanan östlich der Schlucht gibt es Werkstätten, die Batiken und Perlenarbeiten herstellen. Dies ist auch das Zentrum der Young-Artists-Bewegung, die in den 1960er Jahren unter dem Einfluss von Arie Smit entstand.

Holzschnitzerei auf Bali

Die Vielfalt balinesischer Holzschnitzerei basiert nicht nur auf der Dekortradition, sondern auch auf der Tatsache, dass Balis Wildnis aus Wäldern besteht, in denen es Anfang des 20. Jahrhunderts noch Tiger gab. An Jahrestagen werden Bäume geehrt, vor dem Fällen werden ihnen Opfer dargebracht. Es gibt zwei Arten traditioneller Schnitzerei: Ritualobjekte und Ornamente, vor allem als architektonische Elemente. Nach der Liberalisierungsbewegung in den 1930ern konnten Schnitzer für den Auslandsmarkt arbeiten. Zu den Hauptzentren der Schnitzerei gehören Peliatan und andere Dörfer in der Gianyar-Region, etwa Tegallalang und Mas.

←
Smaragdgrüner Badepool am beeindruckenden Tegenungan-Wasserfall

17 Kemenuh

E3 9 km südl. von Ubud

Das Dorf Kemenuh hat eine lange Tradition in der Holzschnitzerei. Workshops und Galerien im ganzen Städtchen verkaufen Holzskulpturen von Tieren und mythologischen Figuren.

Zwei Wanderwege führen von Kemenuh in die wunderbare Landschaft des Petani-Flusstals. Die Hauptattraktion ist der 20 Meter hohe **Tegenungan-Wasserfall**, der von dichtem Wald umgeben und über eine Treppe mit 172 Stufen erreichbar ist. Im Pool des Wasserfalls kann man ein erfrischendes Bad nehmen. In der Nähe gibt es einige Cafés.

Tegenungan-Wasserfall
Jalan Raya Tegenungan, Kemenuh, Sukawati
Sonnenauf- bis -untergang

18 Petulu

E3 von Ubud und Pujung Ubud; +62 361 973 285

Jeden Spätnachmittag wird man im kleinen Dorf Petulu Zeuge eines bemerkenswerten Naturphänomens, wenn Tausende von weißen Reihern und Prachtreihern (auf Balinesisch allgemein *kokokan*) für die Nacht hierherkommen. Die riesigen Vogelschwärme fliegen nach Petulu, drehen eine Runde und lassen sich dann auf den großen Palmen oder alten Feigenbäumen nieder, wo sie sich um die besten Plätze zanken. Nach Dorftradition darf man Reiher, die als heilig gelten, nicht stören, wenn sie rasten. Die V-Formationen der Vögel gegen den Sonnenuntergang sind ein unvergesslicher Anblick. Besucher können die Tiere vom ersten Stock des Gemeindehauses betrachten. Ein weiterer guter Aussichtspunkt ist die Straße von Junungan durch Reisfelder.

Man weiß nicht, warum die Vögel sich 1965 in Petulu niederließen. Manche glauben, dass in den Reihern die Seelen der rund 80 000 Opfer der antikommunistischen Unruhen von 1965/66 weiterleben.

19 Tegallalang

E3 von Ubud
Ubud; +62 361 973 285

Das bezaubernde Dorf Tegallalang war einst Sitz eines Königreichs. Heute ist es ein interessantes Zentrum der Holzschnitzerei. Auf einer Länge von fünf Kilometern verkaufen Werkstätten und einfache Läden Produkte zu äußerst günstigen Preisen. An der Hauptstraße gibt es kleine Cafés mit Blick auf die smaragdgrünen Reisterrassen nördlich von Tegallalang, die entlang der Flussschlucht angelegt wurden.

→
Die schönen Reisterrassen von Tegallalang sind ein beliebtes Fotomotiv

Schon gewusst?

Auf den Tegallalang-Reisterrassen werden Bewässerungstechniken aus dem 9. Jh. angewandt.

Umgebung: Das Dorf Kebon liegt an einer abschüssigen Seitenstraße drei Kilometer nördlich von Tegallalang. An der Kreuzung mit der Hauptstraße liegt ein exzellentes Café, das Kampung Cafe (Tel. +62 361 901 201), in dem man auch übernachten kann. Kenderan, ebenfalls an einer Nebenstraße, war früher ein winziges Königtum mit kleinen *puri* (Adelshäusern).

Das Dorf Manuaba, vier Kilometer nördlich von Kenderan, ist bekannt für den Brahmanen-Tempel **Pura Griya Sakti** mit einem renovierten *Wantilan*-Aufführungspavillon. Um einen Blick auf die verschlungenen Bäume hinter dem Innenhof zu werfen, bedarf es der Erlaubnis des Tempelwärters.

Zur heiligen Quelle Telaga Waja in Kapitu, einen Kilometer südlich von Kenderan, gelangt man über einen Pfad und eine lange, steile Treppe. Meditationsnischen zeugen davon, dass Telaga Waja früher oft von Buddhisten aufgesucht wurde. Die Quelle ist wahrscheinlich über 1000 Jahre alt.

Pura Griya Sakti
Manuaba **tägl.**

20 Sebatu

E2 **von Ubud**
Ubud; +62 361 973 285

Sebatu, Teil eines größeren Gebiets dieses Namens, ist bei den Balinesen hoch angesehen – wegen der bemalten Holzskulpturen und für Tanz, Musik und klassische Tanzkostüme. Das leicht zu Fuß zu erkundende Dorf besteht aus einem Netz von drei von Norden nach Süden verlaufenden Straßen, Tempeln und dem *bale banjar* (Gemeindepavillon) am Nordende. An der westlichsten Straße liegen die Ateliers der Holzschnitzer.

In einem kleinen Tal am westlichen Rand von Sebatu befindet sich der hübsche Quellentempel **Pura Gunung Kawi**, nicht zu verwechseln mit den Königlichen Denkmälern gleichen Namens bei Tampaksiring *(siehe S. 110)*. Die Badequellen, die von steinernen Wasserspeiern gespeist werden, sind ebenso einen Besuch wert (sie sollten nicht fotografiert werden, wenn gerade jemand darin badet) wie der von Karpfen bewohnte Quellenteich in der Nordwestecke. In dessen Mitte steht ein schöner Schrein. In den kleinen, bunt bemalten Pavillons im zentralen Hof gibt es sehenswerte Skulpturen.

Pura Gunung Kawi
tägl.

Fotomotiv
Abseits der Massen

Die Reisterrassen von Tegallalang sind so schön, dass die Straße darüber oft voll ist. Suchen Sie nach anderen Blickwinkeln, fragen Sie einen Einheimischen, der Sie gegen eine geringe Gebühr gern durch die Reisfelder führt.

Schon gewusst?

Ein glühender Baum soll Rsi Markandya gezeigt haben, wo Taro ist (*taru* = Baum).

21 Taro

E2 Ubud; +62 361 973 285

Taro ist wohl eine der ältesten Siedlungen auf Bali. Im Dorfzentrum steht der große Tempel Pura Gunung Raung. Über die Mauern kann man den langen *Bale-agung*-Pavillon und eine finstere dreistöckige *Meru*-Pagode bewundern. Sie repräsentiert den ostjavanischen Berg Gunung Raung. Von dort aus brachen der legendäre Weise Rsi Markandya und sein Gefolge im 8. Jahrhundert zu einer Mission nach Bali auf.

Aus Taro stammen die Albinorinder, die für große Rituale wichtig sind. In früheren Zeiten wurden sie geopfert, heute genügt ihre Anwesenheit bei der Zeremonie. Danach kehren sie wieder nach Taro zurück. Die frei lebenden Tiere halten sich im Wald südlich von Taro auf.

Ebenfalls in Taro liegt Lembah Bidadari (Tal der Engel), wo ein Pfad durch den Dschungel zu einer versteckten Quelle in der Nähe des Dorfs Sangaji führt. Nachmittags ist hier viel los, kommen Sie also morgens.

22 Tampaksiring

E3 von Bedulu und Gianyar Ubud; +62 361 973 285

Tampaksiring ist am bekanntesten als Standort des Tempels **Tirta Empul** (10. Jh.). Der Quellentempel an der Quelle des Pakerisan ist zwar ein Besuchermagnet, aber dennoch ein angenehmer Ort. Er besteht aus mehreren Höfen mit rechteckigen Badebecken. Die Brunnen spenden heiliges Wasser, um das Gläubige mit besonderen rituellen Opfergaben bitten.

In der Nähe liegt der Gräber- und Tempelkomplex **Gunung Kawi**, den man über einen steilen Abhang erreicht. Hier sind zehn Gedenkschreine aus dem 11. Jahrhundert, die unter König Anak Wungsu zu Ehren seiner Familie errichtet wurden. Die Schreine sind in die Felsen gehauen.

In Tampaksiring steht auch der pittoreske Tempel **Pura Mengening**, wo eine heilige Quelle unter einem Banyanbaum entspringt.

Nördlich von Tirta Empul liegt der Präsidentenpalast, der für Indonesiens ersten Präsidenten Sukarno erbaut wurde. Er befindet sich auf einem Hügel, und es geht das Gerücht um, der Diktator habe sich durch ein Teleskop badende Frauen angesehen. Will man den Palast besuchen, muss man im Präsidentenbüro schriftlich um eine Erlaubnis fragen.

Tirta Empul
Jalan Tirta, Manukaya
tägl. 7–18

Gunung Kawi
Banjar Penaka
tägl. 7–18

Pura Mengening
Jalan Tirta, Sareseda
tägl. 7–18

Der Geist des Präsidenten

Seien Sie nicht überrascht, wenn Ihnen im Präsidentenpalast in Tampaksiring ein Schauer den Rücken hinunterläuft: Hier starb 1970 Präsident Sukarno, und sein Geist soll immer noch durch den Palast wandern.

↑ *Die in den Fels gehauenen königlichen Denkmäler Gunung Kawi, Tampaksiring*

Das Sidemen-Tal (siehe S. 137) *in den frühen Morgenstunden*

Ostbali

Als das hinduistische Majapahit-Reich im 14. Jahrhundert von Java nach Bali floh, führte es auf der Insel eine neue Gesellschaftsordnung und ein Kastensystem ein. Einige Gemeinschaften widersetzten sich diesem System, und ihre Nachkommen (Bali Aga, was »ursprüngliche Balinesen« bedeutet) leben noch immer in den abgelegenen, bergigen Gebieten Ostbalis in Dörfern wie Tenganan und Trunyan. Diese indigenen Gemeinschaften haben sich einen ländlichen Lebensstil bewahrt und sind vom Rest der Insel unabhängig geblieben.

Nach dem Niedergang der Majapahit konsolidierte König Dalam Baturenggong 1550 einen vereinigten balinesischen Staat in Gelgel in der Nähe von Klungkung. Ostbali wurde das politische Zentrum der Insel. Als Baturenggongs Gründung 1651 scheiterte, spaltete sich die Region in die Königreiche Klungkung, Bangli und Karangasem auf, die im späten 19. und frühen 20. Jahrhundert nach und nach unter niederländische Kontrolle kamen. Karangasem, dessen Einfluss sich auf die Westseite von Lombok erstreckte, fiel 1894 an die Niederländer; Bangli wurde 1907 Teil des Reichs, und das Königshaus von Klungkung fand 1908 sein Ende, als der König und Mitglieder seines Hofs lieber *puputan* (Massenselbstmord) begingen, als sich der niederländischen Kolonialherrschaft zu unterwerfen.

Ende des 20. Jahrhunderts wurde Ostbali von einer Reihe von Naturkatastrophen heimgesucht, darunter der Ausbruch des Gunung Agung 1963 und ein Erdbeben 1976. Vielerorts veränderten große Lavaströme die Landschaft, und aufgrund dieser geologischen Gegebenheiten sowie der indigenen Gemeinschaften in der Region unterscheidet sich Ostbali in Aussehen und Lebensweise stark vom Rest der Insel.

Pacung
Bodalem
Tedjakula
BULELENG
Madenan
Geretek
Satra
Lupak
Munduk Bawan
Kertabuana
Dausa
Tianyar
Bantang
Sukawana
20 Pura Tegeh Koripan
Karansari
Penulisan
Nusu
Nord- und Westbali
Seiten 144–167
Gunung Batur 2
1717 m
Songan
Bukit Paleg
Toya Bungkah
3
21 Kintamani
Pura Ulun Danu Batur
Trunyan
Batur-See
Abang
Gunung Abang
Binyan
Penelokan
Kedisan
Bayung Gede 22
7 Bangli
KARANGASEM
Bunutin
Suter
Pengotan
Bonyoh
Meka Tengah
BANGLI
Bukit Tanahnui
Gunung Agung 19
Pelaktiying
Telaga Waja
Sengkaduan
3014 m
Pisang Kaja
Kayuambua
Bunteh
Bangkled
Besakih-Tempelkomplex
1
Malet Seri Batu
Tiga
Pempatan
Bonjaka
Kayubihi
Sebudi
Kayang
Sukaluih
Manukaya
Menanga
Tampaksiring
Muncan
Rendang
Tegalsuci
Selat
Duda
Sibetan
Bukit
Sekar
Putung
Tegallalang
Bangli
Unda
8
Iseh
Demulih
Bebalang
Kelabangmoding
Sidemen
Zentralbali
Seiten 90–111
Gembalan
9
Telengan
Manggis
Gaga
Talibeng
KLUNG-KUNG
Tanahampo
Sengkidu
Bunutin
Ubud
Jagaperang
Kaler
Amuk Bay
GIANYAR
Besar
Tihingan
Peliatan
Bedulu
Sidan
4 Klungkung
14 Padang Bai
Peteluan
Goa-Lawah-Fledermaushöhle 11
Gianyar
Gelgel 10
Blahbatuh
Serongga
Kusamba
Klotak
Badung-straße
Batuan

Ostbali

Highlights

1. Besakih-Tempelkomplex
2. Gunung Batur
3. Pura Ulun Danu Batur
4. Klungkung
5. Bali-Aga-Dorf Tenganan

Sehenswürdigkeiten

6. Tirtagangga
7. Bangli
8. Iseh
9. Sidemen
10. Gelgel
11. Goa-Lawah-Fledermaushöhle
12. Candi Dasa
13. Ujung
14. Padang Bai
15. Tulamben
16. Amlapura
17. Pura Lempuyang
18. Amed
19. Gunung Agung
20. Pura Tegeh Koripan
21. Kintamani
22. Bayung Gede

1

Besakih-Tempelkomplex

F2 Besakih, Rendang, Bezirk Karangasem Jalan Diponoegoro, Amlapura; +62 363 21 196 tägl. Sonnenauf- bis -untergang Betara Turun Kabeh (Apr), Purnama (das ganze Jahr über bei Vollmond, vor allem im Apr u. Okt)

Seit mehr als 1000 Jahren steht Pura Besakih, Balis heiligste, eindrucksvolle und mächtige Kultstätte, auf einer Höhe von 900 Metern am südwestlichen Hang des Gunung Agung. Der Komplex besteht aus 22 Tempeln, die durch Rituale und Geschichte zu einem einzigen Heiligtum verbunden sind.

Heilige Andachtsstätte

Allein die Lage des Tempelkomplexes mit Blick auf eine eindrucksvolle Szenerie aus Reisfeldern, Hügeln, Tälern, Flüssen und Wäldern unter dem wachsamen, mächtigen Vulkan Gunung Agung hat schon eine mystische Qualität. Für die Balinesen ist der Besuch etwas ganz Besonderes. Jeden Tag sieht man Hunderte von gläubigen Hindus die riesige Treppe erklimmen, um den Göttern zu huldigen. Die Luft ist schwer vom Rauch und dem Duft brennender Räucherstäbchen.

Die vielen verschiedenen Tempel und Schreine variieren beträchtlich, was ihren Status und ihre Funktion angeht, und obwohl man die meisten besuchen kann, sind viele im inneren Hof nur Pilgern vorbehalten. Die meisten Tempel befinden sich in der Nähe des größten und wichtigsten Heiligtums, des Pura Penataran Agung.

← *Eine Frau steht am Ende einer Treppe im Besakih-Tempelkomplex*

Trimurti

Mit Trimurti ist die hinduistische Dreieinigkeit gemeint. Diese drei Hauptgötter werden vor allem in Bali verehrt. Pura Besakih soll ihre Heimat gewesen sein. Pura Penataran Agung mit weißen Bannern ist Shiva, dem Zerstörer, geweiht, der die Welt von Ignoranz befreit; Pura Batu Madeg mit schwarzen Fahnen Vishnu, dem Bewahrer, der Gut und Böse ausbalanciert; und Pura Kiduling Kreteg mit roten Flaggen Brahma, dem Schöpfer, verantwortlich für Leidenschaft.

↑ *Blick über die Tempeldächer von Pura Besakih, dahinter Hügel und Wälder*

Schon gewusst?

Besakih ist Balis einziger Tempel, der allen Kasten offensteht.

↑ *Gläubige auf der Treppe zum Besakih-Tempelkomplex*

Pura Penataran Agung

Der Große Staatstempel Pura Penataran Agung ist der zentrale, größte und verehrteste Tempel innerhalb des Komplexes. Das spiegelt sich auch in den Gebäuden wider. Ursprünglich war er wohl nur ein einfacher Schrein, heute ist er das symbolische Zentrum von Besakih und zieht sich auf sechs terrassierten Ebenen, die für die sechs Stufen des Universums stehen, den Hang hoch.

Auf dem Weg die riesige Treppe hoch, die gesäumt ist von Figuren aus den Hindu-Epen *Mahabharata* und *Ramayana*, verlassen die Gläubigen, sobald sie den ersten Hof erreicht haben, symbolisch auch die Alltagswelt. Insgesamt befinden sich innerhalb des Tempels 57 Bauten, wovon etwa die Hälfte den verschiedenen Gottheiten geweiht sind. Andere haben diverse zeremonielle Funktionen, wie etwa Sitzplätze für die Priester und das *Gamelan*-Orchester. Besucher haben nicht zu allen Höfen Zugang.

Expertentipp
Achtung vor Schleppern

In Besakih können Sie von Einheimischen angesprochen werden, die sich als Führer anbieten. Seien Sie höflich, aber bestimmt und sagen Sie *tidak terima kasih* (nein danke). Um Geld zu sparen, bringen Sie Schärpe und Sarong mit, anstatt sie im Tempel zu mieten.

↑ *Besucher auf der Treppe zum Pura Penataran Agung*

→ *Pura Penataran Agung, spirituelles Zentrum des Besakih-Tempelkomplexes*

↑ *Während religiöser Rituale erklingen die Gongs*

In den **inneren Höfen** stehen vermutlich schon seit dem 14. Jahrhundert *Meru*-Türme.

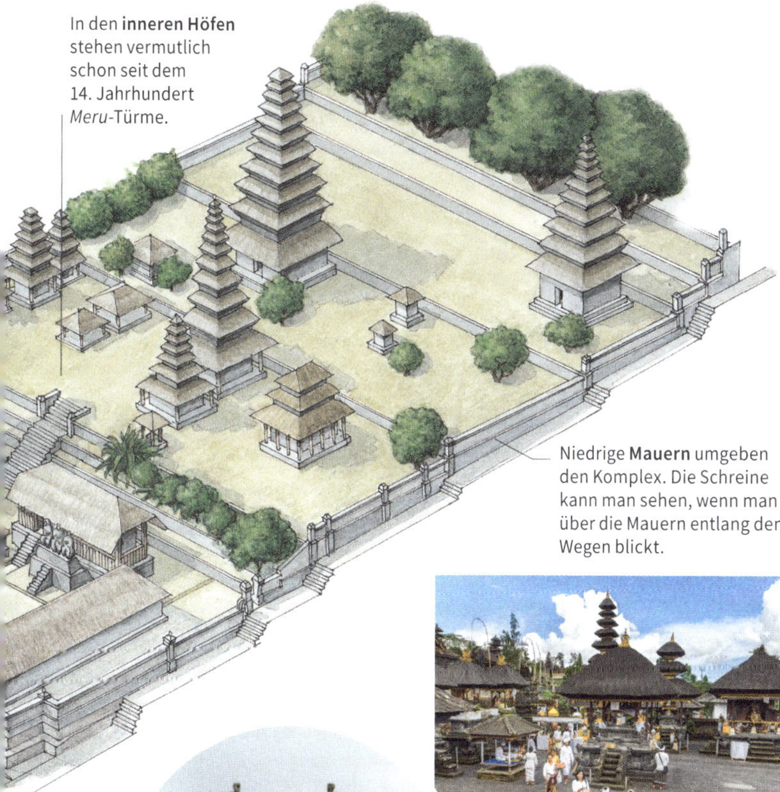

Niedrige **Mauern** umgeben den Komplex. Die Schreine kann man sehen, wenn man über die Mauern entlang den Wegen blickt.

↑ *Hof innerhalb des Tempels und Dach eines Schreins* (Detail) *vor einem* candi bentar *(geteiltes Tor)*

2

Gunung Batur

F2 von Penelokan und Kintamani von Kedisan Jalan Letulila 9, Bangli; +62 366 91 537; Toya Bungkah Mount Batur Trekking Guides Office: +62 366 52 362 Berutuk (Okt)

Der 1717 Meter hohe Gunung Batur zieht viele Besucher an, die von seinem Gipfel den Panoramablick genießen wollen. Einen Teil der spektakulären Caldera füllt der Batur-See, Balis größter Kratersee. Vom Dorf Penelokan hat man einen schönen Blick auf den Vulkan.

Obwohl der Gunung Batur nicht der größte Vulkan auf Bali ist, ist er doch der aktivste. Er ist umgeben von einer massiven Caldera, was vermuten lässt, dass er früher wesentlich größer war als heute. Große Ausbrüche gab es in den vergangenen 200 Jahren mehr als 20. Der verheerendste war 1917, als über 1000 Menschen starben und mehr als 2000 Tempel zerstört wurden. Aufgrund der vulkanischen Aktivitäten sind die Hänge des Gunung Batur kahl und trocken – ganz im Gegensatz zu denen von Gunung Abang auf der anderen Seite des Batur-Sees.

Das faszinierende Batur Geopark Museum (tägl. 8–17) in Penelokan nahe dem Kraterrand erklärt anhand von detaillierten interaktiven Displays und Steinproben die Geologie des Vulkans.

Besteigung des Gunung Batur

Die meisten Besucher nutzen Wege, die in der Nähe des Dorfs Toya Bungkah beginnen. Die Besteigung des Gunung Batur von hier dauert normalerweise zwei Stunden. Man kann im Dorf auch einen Führer im Büro der Mount Batur Trekking Guides buchen. Die beliebtesten Treks sind zeitlich so ausgerichtet, dass man bei Sonnenaufgang den Gipfel erreicht. Die Luft kann recht kühl sein, für Nachttreks sind warme Kleidung und eine Taschenlampe angesagt. Gegen eine geringe Gebühr bringen Führer auch ein Frühstück mit, darunter Eier, die man in den Dampflöchern am Gipfel kochen kann. Die Flanken des Vulkans können rutschig und während der Regenzeit von Oktober bis April gefährlich sein. Eine Besteigung in diesen Monaten sollte man vermeiden.

Highlight

↑ *Sonnenaufgang hinter dem Gunung Batur – ein spektakulärer Anblick*

Bali-Aga-Dorf Trunyan

Trunyan, eines der kulturell eigenständigen Bali-Aga-Dörfer am Ostufer des Sees, kann man über die Straße oder per Boot erreichen. Die Einwohner leben hier nach Bräuchen, die man sonst nirgendwo findet, auch nicht in anderen Bali-Aga-Dörfern. Dazu gehört, dass ihre Toten in Gruben gesetzt und mit Tüchern und Bambus bedeckt werden. Der Einfluss eines alten Baums – so sagt man – schütze den Leichnam vor der Verwesung. Ein Besuch des Friedhofs ist überaus interessant. In Trunyan steht Da Tonta, eine vier Meter hohe Statue von Dewa Ratu Gede Pancering Jagat, dem Schutzpatron des Dorfs.

1

2

3

1 *Badende genießen die heißen Quellen im Dorf Bungkah am Fuß des Gunung Batur.*

2 *Der Batur-See ist die Hauptbewässerungsquelle für einen Großteil der Landwirtschaft in Zentral- und Ostbali.*

3 *Wanderer auf der Caldera des Vulkans Gunung Batur*

3

Pura Ulun Danu Batur

E2 Jalan Kintamani, Batur Selatan, Kintamani tägl. Sonnenauf- bis -untergang
Jahrestag des Tempels (Purnama, Apr u. Okt)

Dieser nach Besakih *(siehe S. 116–119)* **zweitwichtigste Tempelkomplex Balis liegt am südwestlichen Rand der Caldera von Gunung Batur und besteht aus neun Tempeln und vielen Schreinen.**

Expertentipp
Dewi Danu
Am nordöstlichen Ufer des Batur-Sees steht eine beeindruckende gelbe Statue von Dewi Danu auf einer Lotosblüte und einer Wasserschlange. Man kommt nur gegen eine kleine Gebühr mit dem Boot von Songan zur Statue.

Seegöttin

Ulun Danu heißt wörtlich übersetzt »Vorsteher des Sees«, und der Tempel ist Dewi Danu geweiht, der lebenserhaltenden und hochverehrten Seegöttin, die 37 Flüssen, Nebenläufen, Dämmen und Bewässerungskanälen zwischen hier und dem See Wasser spendet. Der Batur-See ist die Quelle vieler unterirdischer Flüsse, die die Bewässerung des landwirtschaftlich genutzten Gebiets und vieler Badepools in Gianyar und Bangli sicherstellen. Bauern von der ganzen Insel kommen hierher, um der Göttin zu huldigen, die für die Fruchtbarkeit der Böden sorgt.

Haupttor zum Pura Penataran Agung Batur, dem wichtigsten Tempel des Komplexes ↑

Highlight

Opfergaben für die Seegöttin

Gläubige aus ganz Bali bringen in diesem Tempel der Ida Betari Dewi Ulun Danu, der Göttin des Batur-Sees, Opfergaben dar. Die Verehrung der Göttin wurde durch ein wundersames Ereignis noch verstärkt. An seinem früheren Standort, näher am See, wurde der Tempel wunderbarerweise von dem Vulkanausbruch 1917 verschont. Die Lava kam kurz vor den Tempelmauern zum Stehen. Nach dem Ausbruch im Jahr 1926 versetzten ihn die Dorfbewohner jedoch an seine heutige, höher gelegene Stelle.

In dem Komplex aus neun Tempeln gibt es mehr als 200 Schreine und Pavillons, die den Göttinnen und Göttern des Wassers, der Landwirtschaft, der heiligen Quellen, der Künste und des Handwerks gewidmet sind. In der nordwestlichen Ecke steht ein Schrein, der Ida Ratu Ayu Subandar geweiht ist, dem Gott der Händler.

→ *Torspitzen in Pura Ulun Danu Batur mit Gunung Batur im Hintergrund*

Pura Penataran Agung Batur

Pura Penataran Agung Batur mit fünf Haupthöfen ist der Haupttempel im Pura-Ulun-Danu-Batur-Komplex. Die beherrschenden Schreine sind pagodenähnliche *merus*. Der bedeutendste ist der elfstufige *meru* im inneren Hof, der Dewi Danu geweiht ist. Darüber hinaus gibt es drei neunstufige *merus* für die Götter von Gunung Batur, Gunung Agung und Ida Batara Dalem Baturenggong, dem vergöttlichten König von Gelgel (15. Jh.). Im Trommelturm *(kulkul)* im äußeren Hof befindet sich eine geteilte Trommel aus Holz, die jeden Morgen 45 Mal geschlagen wird, um die 45 Gottheiten, die im Tempel angebetet werden, zu ehren.

Schon gewusst?

Das Hauptfest findet am zehnten Vollmond des balinesischen Kalenders statt (Ende März – Anf. Apr).

→

Grundriss von Pura Penataran Agung Batur mit seinen eindrucksvollen Gebäuden

Der **dritte Hof** ist der heiligste. Drei Tore führen von einem Hof zum nächsten.

Garuda, die Figur des Vogels aus der Hindu-Mythologie, ist in diesem **Steinrelief** auf der Hofmauer dargestellt.

Der große viereckige **Zentralhof** ist gelegentlich Rahmen für einen *Baris-gede*-Tanz, einen alten Ritualtanz, der von einem Soldatenregiment aufgeführt wird, um die Götter zu schützen.

←

Pavillons und merus *im Pura Penataran Agung Batur*

1 *Die großen Holztüren des Haupttempeltors sind ornamentiert und golden bemalt.*

2 *Gläubige bringen der Seegöttin Dewi Danu ihre Opfergaben.*

3 *Das schöne Seitentor ist eine Kombination von Backstein und Steindekor.*

↑ *Das Puputan-Monument aus schwarzem Stein gegenüber dem Taman Gili*

④

Klungkung

F3 · Jalan Untung Surapati 3; +62 366 21 448

Klungkung, auch bekannt als Semarapura, die königliche Hauptstadt von Balis kleinstem Reich, war während der Gelgel-Dynastie das Zentrum von Kunst und Kultur. Im Zentrum der geschäftigen Handelsstadt liegt Taman Gili, die Überreste des Königspalasts aus dem 18. Jahrhundert.

①
Puputan-Denkmal

Ecke Jalan Untung Surapati und Jalan Gajah Maja

1908 war Klungkung das letzte Königreich, das sich gegen die Invasion der Niederländer stemmte. Zahlenmäßig weit unterlegen, machten der Raja von Klungkung und 200 Mitglieder seiner Familie und seines Hofs einen aussichtslosen Ausfall aus dem Palast direkt vor die Schusswaffen der Niederländer. Der mit einem *kris* (Dolch) bewaffnete Raja wurde sofort erschossen. Darauf begangen seine sechs Frauen rituellen Selbstmord *(puputan)* mit ihren eigenen Dolchen, der ganze Hof folgte ihrem Beispiel.

An den Selbstmord wird mit dem Puputan-Denkmal auf der gegenüberliegenden Straßenseite des Eingangs zum Palast erinnert.

②
Museum Daerah Semarapura

Ecke Jalan Untung Surapati und Jalan Puputan
+62 878 6246 6055
tägl. 8–17

Im Westen von Taman Gili befindet sich das kleine Museum Daerah Semarapura, das alte niederländische Zeitungen ausstellt, in denen die abscheulichen Details des *puputan* im Jahr 1908 beschrieben werden, als 200 Mitglieder des königlichen Hofs von Klungkung rituellen Selbstmord begingen. Zu den interessanten Ausstellungsstücken gehören auch die königliche Trage *(palanquin)*, in der der Raja saß, als die Niederländer das Feuer eröffneten, sowie Fotos vom Raja mit Familie und dem königlichen Hofstaat.

③
Pura Taman Sari

Jalan Ahmad Jani
tägl. von Sonnenauf- bis -untergang

Der Tempel Pura Taman Sari stammt aus dem 17. Jahrhundert und ist ein beeindruckender elfstöckiger *Meru*-Turm, der auf einer Steinschildkröte steht. Die Anlage ist von einem Graben mit Seerosen umgeben.

④
Klungkung Market

Jalan Puputan 7
tägl. 6–18

Im Osten von Kerta Gosa, versteckt in einem Betongebäude, liegt der Stoffmarkt von Klungkung. Jeder, der traditionelle Stoffe liebt, sollte hier unbedingt vorbeischauen. Verkauft werden *songket* (Brokat) in den unterschiedlichsten Designs, sowie *endek*. Und das zu wesentlich günstigeren Preisen als anderswo.

Endek

Das am häufigsten produzierte traditionelle Tuch auf Bali ist *endek*. Ein Motiv wird in die Fäden eines Stoffs eingefärbt, bevor das Tuch gewoben wird. Wiederholtes Knüpfen und Färben führt zu einem vielfarbig schimmernden Tuch. In Bali werden die Motive nur auf die Schussfäden aufgetragen.

⑤

Kamasan

1,6 km südl. von Klungkung

Das Dorf Kamasan ist eine Künstlergemeinde. Ihre Arbeiten im *Wayang*-Stil findet man auch an der Kerta-Gosa-Decke des früheren Königspalasts *(siehe S. 128f)*. Bis heute dürfen nur Künstler aus Kamasan die Fresken restaurieren.

Der überaus formale Stil ist eindimensional mit vielen dekorativen Elementen in bunten Farben und interessanten Mustern. Gesichter werden immer im Dreiviertelprofil gezeichnet, ähnlich wie Puppen des Schattentheaters gegen die Kulisse, und es gibt keinen zentralen Blickpunkt, jedes Gemälde erzählt mehrere Geschichten. Die Kamasan-Kunst hatte ursprünglich nur religiöse Themen, die Künstler wurden nach ganz Bali entsandt, um Tempel und Paläste mit ihren Gemälden zu dekorieren. Bis zum 20. Jahrhundert war diese Kunst Balis einzige Form der bildlichen Darstellung. Dann besuchten Europäer Bali und beeinflussten die Balinesen mit ihrer realistischen Darstellung des täglichen Lebens.

Während der Herrschaft der Niederländer verloren die Kamasan-Künstler die royale Unterstützung. Ihr spezifischer Stil starb fast aus. Glücklicherweise erlebte Kamasan eine Wiedergeburt, als die Niederländer in den 1920er und 1930er Jahren die Kerta-Gosa-Gemälde restaurieren ließen. Seit den 1960ern sind auch Touristen und Kunstläden eine wichtige Einnahmequelle. Man kann ungerahmte Stoffmalereien in mehreren Läden im Dorf immer noch zu vernünftigen Preisen kaufen.

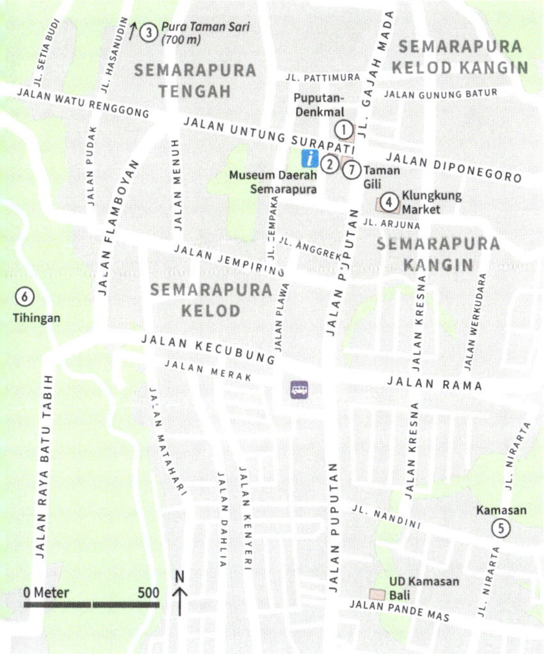

⑥

Tihingan

4 km westl. von Klungkung

Im Dorf Tihingan, dem Zentrum der Herstellung von balinesischen *Gamelan*-Musikinstrumenten, sind Besucher in den Werkstätten willkommen. Hier kann man zusehen, wie Schmiede Metallteile bearbeiten und biegen, um daraus fein abgestimmte Gongs und Metallofone herzustellen. Zeremonielle Messing- und Kupferinstrumente wie etwa die Glocken, die Priester nutzen, werden hier ebenfalls angefertigt. Neben *Gamelan*-Instrumenten aus Metall kreieren die Handwerker auch wunderschöne Sockel und traditionelle zweiseitige Trommeln.

7

Taman Gili

Puri Semarapura, Ecke Jalan Untung Surapati und Jalan Puputan, Klungkung
tägl. 7–18 Feiertage

Das im frühen 18. Jahrhundert erbaute Taman Gili (»mit einem Wassergraben umgebener Garten«) ist alles, was von Klungkungs Königspalast übrig blieb. Die Malereien in der Bale Kerta Gosa und in der Bale Kambang sind wunderschöne Beispiele des *Wayang*-Stils.

Der größte Teil des Palasts wurde 1908 während der holländischen Eroberung zerstört. Zu den auffälligsten Überresten gehören zwei hohe offene Hallen *(bale)* mit fantastisch bemalten Decken. Die Malereien sind in den letzten 100 Jahren mehrfach übermalt und restauriert worden. Erhalten blieben besonders schöne Exemplare des *Wayang*-Stils, in denen die Figuren Schattenpuppen ähneln *(siehe S. 127)*. Die jetzige Konstruktion der Bale Kambang stammt aus den 1940er Jahren.

Der Palast wurde im traditionellen balinesischen Stil errichtet – balinesische Paläste bestehen nicht aus riesigen Einzelgebäuden, sondern aus einer Reihe von Höfen, Pavillons, Gärten, Reisschuppen und Familientempeln, die durch Wege miteinander verbunden sind. Der ganze Komplex ist von einer hohen Mauer umschlossen. Da die balinesischen Königreiche nicht über Grenzen, sondern durch ihre soziale und wirtschaftliche Bedeutung definiert waren, stand der Palast in der Nähe des Markts, dem Mittelpunkt des künstlerischen und wirtschaftlichen Treibens in der Stadt.

Am **Scheitelpunkt der Decke** befindet sich eine Lotosblume, umgeben von goldenen Tauben, die Erleuchtung und Erlösung repräsentieren.

An der **Decke** der Kerta Gosa sind in mehreren Reihen 267 bemalte Tafeln angebracht.

Eingang

← *Der friedvolle Palast Taman Gili mit Pavillons, Höfen, Steinstatuen und kleinen Brücken*

Kerta-Gosa-Deckengemälde

Die Hauptserie zeigt Teile der Erzählung *Bhima Swarga*, die aus dem indischen *Mahabharata*-Epos in die balinesische Tradition übernommen wurde, sowie Szenen der *Tantri*-Geschichten (die balinesische Version indischer Moralfabeln). Einige basieren auf einem astronomischen Kalender und zeigen etwa Erdbeben und Vulkanausbrüche.

Schon gewusst?

Das Haupttor schloss sich nach dem *puputan* 1908 von selbst. Seitdem wurde es nicht mehr geöffnet.

↓ *Gebäude und Gärten des königlichen Palastkomplexes Taman Gili*

Die **Deckengemälde** im Bale Kambang zeigen Szenen aus balinesischen Mythen, darunter auch die Geschichte von Sutasoma, einem buddhistischen Heiligen, der Stärke ohne Aggression symbolisiert.

Das **Dach von Bale Kambang** besteht aus Hartholzschindeln.

Im **Wassergraben**, der Bale Kambang umgibt, schwimmen Karpfen.

Das Gebäude ist mit **Steinmetzreliefs** mythischer Kreaturen dekoriert.

→ *Steinstatue eines alten mythischen Dämons in Taman Gili*

5

Bali-Aga-Dorf Tenganan

G3 3 km westl. von Candi Dasa von Candi Dasa Amlapura; +62 363 21 196 Sonnenauf- bis -untergang Rejang Dewa (Tanz; Feb), Usaba Sambah und Mekare-kare (Stockkampf; Juni, Juli)

Das Dorf Tenganan ist die Heimat des alten Volks der Bali Aga, das seit Jahrhunderten auf der Insel lebt. Hier leben sie nach alten Bräuchen und stellen wunderschönes Kunsthandwerk her.

Als Nachfahren der ursprünglichen Balinesen widersetzten sich die Bali Aga der Herrschaft der Majapahit-Könige und bewahrten ihre eigene Kultur aufgrund der Überzeugung, dass sie von den Göttern abstammen.

Das Dorf ist eine der vorhinduistischen Ansiedlungen auf Bali, und die Bewohner halten ihre eigene Welt und soziale Organisation aufrecht. Ihr Leben ist strikt an *adat* (Dorfgesetz) gebunden. Sowohl das Dorf wie die umgebenden Felder gehören allen. Die Reisfelder werden an andere Bauern verpachtet, der daraus entspringende Gewinn wird durch alle Dorfbewohner geteilt.

Die Bewohner stellen Korbwaren, Kalligrafien und die berühmten *Geringsing*-Textilien her. Kleidung aus diesem Stoff soll den Träger vor Krankheiten und bösen Schwingungen beschützen. Autos und Motorräder sind in dem Dorf verboten.

1 *Auf Manuskripten aus Palmblättern werden Kalligrafien geschrieben.*

2 *Bei traditionellen Zeremonien werden Opfergaben gebracht.*

3 Geringsing-*Textilien werden traditionell gewebt.*

←

Straße im Bali-Aga-Dorf Tenganan, in dem die Bewohner strikt nach den traditionellen Regeln leben

Die Sage von Tenganan

Es heißt, dass König Bedaulu, der Herrscher von Bali im 14. Jahrhundert, sein Lieblingspferd verlor und für die Wiederbeschaffung eine Belohnung aussetzte. Das Pferd fand man schließlich tot in der Nähe von Tenganan, die Dorfbewohner erbaten sich als Belohnung Land. Der König schickte daraufhin seinen Minister nach Tenganan, um neue Grenzen zu ziehen mit der Weisung, den Dörflern alles Land zu geben, wo man das tote Pferd riechen konnte. Begleitet vom Dorfoberhaupt, der in seiner Kleidung verwesendes Pferdefleisch verborgen hatte, tat der Minister seine Pflicht und zog großzügige Grenzen, die bis heute Bestand haben.

Das Bali-Aga-Dorf Tenganan entdecken

Das beeindruckendste Merkmal dieses schönen, von einer Mauer umgebenen Dorfs ist der einzigartige Grundriss. Offene Gemeinschaftshallen und erhöhte Langhäuser, darunter auch der stattliche *bale agung*, wo der Rat der Ältesten Entscheidungen fällt, sind entsprechend lang überlieferter Überzeugungen angeordnet. Drei parallel verlaufende Straßen steigen von Norden nach Süden zu den Bergen hoch. Steile, gepflasterte Rampen verbinden die unterschiedlichen Ebenen miteinander. Enge Gassen verlaufen dazwischen von Ost nach West. An beiden Seiten der Hauptstraße stehen einstöckige Häuser, Reisschuppen, Schreine, Pavillons, offene Küchen und administrative Gebäude.

Vor vielen Häusern stehen traditionelle Körbe zum Trocknen in der Sonne. In den Häusern der Dorfbewohner, die zugleich Läden und Werkstatt sind, sieht man viele Produkte der jeweiligen Handwerker. Man kann dabei zusehen, wie Kalligrafen mit Tinte, die aus Macadamianüssen gewonnen wird, Palmblätter beschreiben, wie Weber komplizierte *Geringsing*-Textilien herstellen oder Holzschnitzer Masken machen.

Am nördlichen Ende des Dorfs gelangt man durch ein Tor in einen wahren Dschungel aus Brotfrucht- und Durianbäumen, Kokosnusspalmen und herunterhängenden Schlingpflanzen. Ein paar Schritte den Berg hinauf liegt das Haus des Imkers – Besucher sind hier immer willkommen.

Im »**Tempel der Ursprünge**« außerhalb der Dorfmauern trifft sich die Gemeinde zu Ritualen, die auf einer dualistischen Kosmologie aus sich ergänzenden Gegensätzen basieren.

Der *wantilan* ist ein großer, offener Pavillon, in dem sich die Dorfgemeinschaft trifft.

Die teils gepflasterten **Hauptstraßen** steigen stufig an und sind durch Rampen verbunden.

←

Bali-Aga-Frauen tragen Kokosnüsse auf dem Kopf; das Dorf umgeben Reisfelder, die von Bauern bewirtschaftet werden (Detail)

Highlight

Mekare-kare

Mekare-kare ist ein jährlich im Juni oder Juli stattfindender Schaukampf zwischen jungen Männern des Dorfs mit Peitschen aus Pandanblättern. Jedes Duell wird mit den martialischen Klängen der *Gamelan-selonding*-Musik untermalt und dauert nur ein paar Sekunden – unter viel Gelächter. Die Attacken werden mit eng gewobenen Schilden pariert. Es gibt weder Gewinner noch Verlierer, Ziel ist es, den Göttern einen Blutzoll zu geben. Nach den Kämpfen werden die Wunden der Kombattanten mit Alkohol und Gelbwurz behandelt.

Schon gewusst?

Kunsthandwerk aus Tenganan wird auch in Läden in Seminyak und Ubud verkauft.

← *Karte des gut erhaltenen Bali-Aga-Dorfs Tenganan*

Wunderschöne terrassierte Reisfelder bei Tirtagangga, im Hintergrund Gunung Lempuyang und Gunung Seraya ↑

Wanderung von Tenganan nach Tirtagangga

Länge 10 km **Dauer** 5–6 Std. **Nächste Stadt** Candi Dasa **Transport** mit dem *bemo* nach Candi Dasa, dann eigenes Transportmittel **Terrain** hügelig

Der Weg von Tenganan nach Tirtagangga bietet einige der schönsten Szenerien im Inland und viele Aspekte traditionellen balinesischen Lebens. Von den höheren Stellen hat man eine tolle Sicht auf Balis Berge. Es geht vorbei an Reisterrassen und durch beschauliche Dörfer mit wunderschönen Tempeln.

Die Landstraße nach **Tirtagangga** bietet einen Blick auf Reisfelder und das Meer.

Nördlich der Hauptstraße, bevor man zu einem Lavapfad gelangt, liegt **Budakeling**, das Dorf der Metallschmiede.

Oberhalb der **Reisterrassen** steht ein kleines Café *(warung)*. Der Pfad führt zu einem Stauwehr und einem Reisfeldschrein, bevor er einen seichten Fluss überquert.

Auf der anderen Seite des Flusses liegt **Kastala**. Um den Weg abzukürzen, kann man sich von Bebandem aus fahren lassen.

Im Dorf **Gumung Kaja** werden Körbe und Matten aus den Stängeln der *ata*, einer Palmenart, geflochten.

Der Blick vom **Pura-Puseh-Tempel** reicht weit in den Osten Balis. Man kann Reisfelder in verschiedenen Stadien des Anbaus sehen.

Vom **Tenganan-Dorftor** führt ein gepflasterter Weg zu einem Tempelkomplex und dann zum Waldrand.

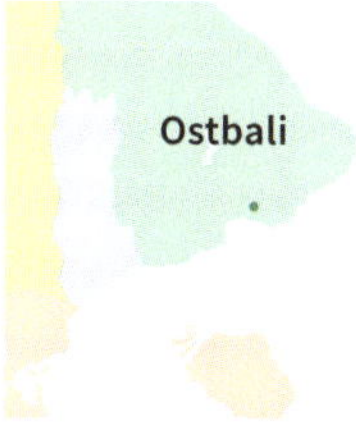

Zur Orientierung
Siehe Karte S. 114f

SEHENSWÜRDIGKEITEN

6 Tirtagangga

G3 Ababi +62 361 730 374 tägl.

Tirtagangga (»heiliges Wasser vom Ganges«) ist das beste Beispiel für Balis königliche Wasserpaläste. Er wurde 1947 von Anak Agung Anglurah Ketut gebaut, dem letzten König von Karangasem. Im Komplex befinden sich eine heilige Quelle, ein Pool und mehrere Teiche. Im Pool kann man gegen eine kleine Gebühr baden. Es gibt einfache Umkleidekabinen. Die Becken und Brunnen liegen in gepflegten Gärten.

Tirtagangga hat ein kühleres Klima und ist ein guter Ausgangspunkt für Spaziergänge in die Umgebung. Es gibt mehrere Privatunterkünfte.

7 Bangli

F3 Jalan Brigjen Ngurah Rai 30; +62 366 91 537

Bangli war vom 14. bis zum 19. Jahrhundert königliche Residenz und zählt zu den ältesten Städten Balis. Den Hügel hinauf in Richtung Gunung Batur ist die Ortschaft ideal für einen Spaziergang in der kühlen Bergluft.

Pura Kehen, eine Gebetsstätte aus dem 12. Jahrhundert, liegt eindrucksvoll an den terrassierten Hängen eines Bergs. Im ersten Hof des Komplexes steht ein riesiger Banyanbaum. Hoch oben in den Ästen der Baumkrone befindet sich ein dem Auge gut verborgener *kulkul* mit Alarmtrommel. Schöne Statuen stehen an den Treppen zum *Padmasana*-Schrein, der im inneren Heiligtum ein mehrstöckiges *Meru*-Dach aufweist. Der Schrein ist von kunstvollem Dekor überzogen. Die golden bemalten Türen sind wundervoll.

Der **Pura Penyimpenan** (»Tempel zur Aufbewahrung«) enthält drei antike bronzene Inschriften, was die Vermutung nahelegt, dass der Ort vor dem Bau des Tempelkomplexes als heilig galt.

Textilien aus Ostbali

Vor allem in Ostbali kommt Textilien und ihrer Herstellung große Bedeutung zu. Die Region ist berühmt für das Doppel-*ikat*-Gewebe *geringsing*, das nur im Bali-Aga-Dorf Tenganan *(siehe S. 130f)* gefertigt wird. Es soll schützende spirituelle Kräfte haben. In Sidemen werden dekorative Motive mit Gold- und Silberfäden ins Tuch gewebt – für den prächtigen Brokatstoff *songket*. Dieser wird bei religiösen oder sozialen Anlässen getragen. Er ist auch Bestandteil des Kostüms bei traditionellen Tänzen.

← *Trittsteine und Statuen in und an den Teichen im Palast von Tirtagangga*

Bilder von Himmel und Hölle, Letztere fantasievoll grimmig, bedecken die Wände des den Toten gewidmeten **Pura Dalem Pengungekan** mit Schreinen für Brahma, Shiva und Vishnu.

Pura Kehen
Jalan Sri Wijaya · tägl. · Pagerwesi (variabel)

Pura Penyimpenan
Jalan Sri Wijaya · tägl. · bei Zeremonien

Pura Dalem Pengungekan
Jalan Merdeka · tägl. · bei Zeremonien

8 Iseh

F3 · von Bangli und Klungkung · Amlapura; +62 363 21 196

Das Areal um Iseh ist für seine herrliche Landschaft bekannt, vor allem an der Straße östlich von Bangli nach Muncan und Duda, die in östlicher Richtung durch eine vulkanische Tallandschaft verläuft. Die Reisterrassen sind üppig grün. Iseh ist ein kleines Dorf mit wenig Infrastruktur für Urlauber. Walter Spies *(siehe S. 56)* hatte hier ein Haus: Diese Gegend inspirierte ihn zu einigen seiner schönsten Bilder.

Umgebung: Bei Putung, sechs Kilometer östlich von Iseh, findet man gute Aussichtsplätze und einige Unterkünfte. Weitere vier Kilometer östlich liegt das Dorf Sibetan, ideal, um *salak* zu kaufen, eine kleine, knusprige, herbe Frucht mit einer schuppigen Schale, die an Schlangenhaut erinnert.

9 Sidemen

F3 · von Bangli und Klungkung · Amlapura; +62 363 21 196

Sidemen liegt in einer der schönsten Ecken Ostbalis. Der Blick von den Hängen des Gunung Agung schweift über ein grünes Flickwerk mit imposanter Bergkulisse.

> Schöne Aussicht
> **Walter-Spies-Haus**
>
> Vom Haus von Walter Spies bei Iseh, heute ein Hotel (www.villaiseh.com), in dem schon viele Berühmtheiten logierten, hat man einen atemberaubenden Blick auf das Sidemen-Tal und den Gunung Agung.

Sidemen ist der ideale Rückzugsort vor dem hektischen Treiben andernorts. Es gibt hier einige gute Unterkünfte mit Blick auf die Reisfelder. Im Ort kann man Werkstätten besichtigen, die *songket* herstellen.

10 Gelgel

F3 · von Klungkung · Klungkung; +62 366 21 448 · Purnama Kapat (Okt)

Der königliche Hof des Majapahit-Herrschers von Bali *(siehe S. 54)* wurde im 14. Jahrhundert von Dewa Ketut Ngulesir, dem Sohn des ersten Majapahit-Königs von Bali, in Gelgel gegründet. Eine Erinnerung daran ist der alte Königstempel Pura Dasar mit einigen *Meru*-Türmen. An den breiten Dorfstraßen stößt man auf weitere Tempel.

→ *Das Sidemen-Tal mit dem Gunung Agung im Hintergrund*

11 Goa-Lawah-Fledermaushöhle

F3 · Klungkung; +62 363 21 448 · tägl.

Der wohl über 1000 Jahre alte Goa Lawah ist wegen Ritualen für das Jenseits wichtig. Im Zentrum befindet sich eine Höhle, die von Tausenden Fledermäusen bewohnt wird. Der Sage nach reicht die Höhle 30 Kilometer in die Berge bis Besakih *(siehe S. 116–119)* und beherbergt eine riesige, drachenähnliche Schlange namens Basuki, die sich von Fledermäusen ernährt. Für Besucher gibt es bei der Höhle gute Lokale mit schöner Aussicht übers Meer nach Nusa Penida und Lombok. Hier finden sich auch viele Straßenhändler ein.

Umgebung: Das geschäftige kleine Fischerdorf Kusamba, vier Kilometer südwestlich des Tempels von Goa Lawah, besitzt einen schwarzen Sandstrand. *Jukung* (Fischerboote mit Ausleger) säumen den Strand und sind für Tagesausflüge zu den Inseln zu mieten. An der Küste kann man auch Pfannen für die Salzgewinnung sehen.

12 Candi Dasa

G3 · Jalan Candi Dasa; +62 363 21 002

Das Fischerdorf Candi Dasa ist eine ideale Basis für Tauch-, Schnorchel und Trekkingausflüge an Balis ruhiger Ostküste. Die wunderschöne Region im alten balinesischen Königreich Karangasem wartet mit einem reichen Kulturerbe auf. Hier wird noch ein traditionelles Leben geführt. Es geht ruhiger zu als in anderen Urlaubsorten, trotzdem gibt es eine gute Auswahl an Unterkünften und Restaurants.

Der Name Candi Dasa soll vom balinesischen Begriff »Cilidasa« (»zehn Kinder«) abstammen. In der Mitte des Orts, oberhalb einer Lagune mit Seerosen, steht der Tempel Pura Candi Dasa, der Hariti, der Göttin der Fruchtbarkeit, geweiht ist. Deshalb kommen auch viele kinderlose Paare her, um zu beten.

In der Blue Lagoon ist das Wasser klar und warm mit einem reichen Meeresleben – ideal zum Schnorcheln und Tauchen. Rund um Candi Dasa kann man auch gut wandern. Von Bukit Asah

Hotel

Jasri Bay Hideaway
Das Boutiquehotel bei Candi Dasa bietet fünf rustikale Holzhäuser, einen Pool und ein Restaurant, das Gerichte aus selbst angebauten Produkten serviert.

G3 · Jalan Pura Mastima, Jasri · jasribay.com

Rp Rp Rp

↑ *Unterwasserwelt mit einem Schwarm Soldatenfische im Riff vor Candi Dasa*

beim Dorf Bugbug geht man in 30 Minuten zu einem Aussichtspunkt auf einem Hügel mit schönem Panoramablick aufs Meer, die Küste und die benachbarten Inseln.

Von hier sind es nur weitere zehn Minuten zum Pasir Putih, einem von Palmen eingefassten 500 Meter langen Sandstrand. Grasbedeckte *warungs* bieten kalte Getränke und frischen Fisch. Besucher können Sonnenliegen und -schirme ausleihen und sich am Strand massieren lassen.

↑ *Brücke zum Haupttempel in Puri Taman Ujung*

13

Ujung

G3 von Amlapura
Amlapura; +62 363 21 196

Ujung, wörtlich »am Ende«, ist der passende Name für dieses entlegene Fischerdorf. Der Puri Taman Ujung ist ein Wasserpalast, der 1919 vom letzten Raja von Karangasem, Anak Agung Anglurah Ketut, gebaut wurde. Die Gebäude wurden beim Erdbeben 1976 vollständig zerstört, danach jedoch wieder originalgetreu aufgebaut.

Die schmale Straße, die sich östlich von Ujung um die Ostspitze Balis windet, bietet eindrucksvolle Blicke auf das Meer und Gunung Seraya. Bevor man diese Straße nimmt, sollte man ihren Zustand erfragen.

14

Padang Bai

F3 nach Nusa Lembongan, Nusa Penida und Lembar, Lombok
Amlapura; +62 363 21 196

Das hübsche Feriendorf ist ein guter Ausgangspunkt für die Erkundung Ostbalis. Hier liegt der Haupthafen für die Fähren nach Lombok, das macht sich auch am starken Straßenverkehr bemerkbar. Im Dorf gibt es Restaurants, Hotels, Pensionen, Bars, Tourführer und Tauchläden.

In Gehweite, westlich von Padang Bai, liegt Biastugal, eine weiße Sandbucht, die gern von Sonnenanbetern aufgesucht wird. Etwas weiter die Küste entlang gibt es Auslegerboote für Schnorchel- und Tauchausflüge zu mieten. Am Ostende der Bucht, ca. 20 Minuten zu Fuß, stehen mehrere Tempel, z. B. Pura Silayukti, Mpu Kuturan zugesprochen, der im 11. Jahrhundert das Dreitempelsystem einführte.

In der Blue Lagoon ist das Wasser klar und warm mit einem reichen Meeresleben rund um das Korallenriff - ideal zum Schnorcheln und Tauchen.

15

Tulamben

G2 von Amlapura und Singaraja Amlapura; +62 363 21 196

Tulamben ist eine unauffällige kleine Stadt. Interessant ist hier vor allem das Wrack des 120 Meter langen amerikanischen Frachtschiffs *Liberty*, das im Zweiten Weltkrieg südwestlich von Lombok torpediert wurde.

Das Wrack liegt etwa 40 Meter vom Strand entfernt in 60 Meter Tiefe und ist von Korallen bedeckt. Das Wasser ist ideal zum Tauchen und Schnorcheln. Tauchanbieter organisieren Tagesausflüge von Tulamben aus. Boote kann man vor Ort mieten.

Im königlichen Palast von Amlapura sieht man den europäischen Einfluss ↑

16

Amlapura

G3 · Jalan Diponegoro; +62 363 21 196

Die größte Stadt Ostbalis ist Bezirkshauptstadt. Ihren heutigen Namen erhielt sie nach dem Wiederaufbau, der nach dem Ausbruch des Gunung Agung 1963 erfolgte. Ihr früherer Name Karangasem wird auch noch oft benutzt.

Karangasem besaß Ende des 17. Jahrhunderts große politische Macht. Die königlichen Familien der Stadt hatten starke politische Verbindungen zur Nachbarinsel Lombok. Der **Puri Agung**, ein Palast der Könige von Karangasem, entstand um 1900. Er war der Geburtsort des letzten Königs. Der Bau ist nicht mehr bewohnt, die Nachfahren der königlichen Familie leben in den Palästen Puri Gede und Puri Kertasurahe auf der anderen Straßenseite (diese sind im Gegensatz zum Puri Agung nicht öffentlich zugänglich). Architektonisch ist der Puri Agung ein Mix europäischer und balinesischer Stilrichtungen. Beeindruckend ist das Eingangstor.

Hauptattraktion ist das Maskerdam-Gebäude, benannt nach Amsterdam, das von den Einheimischen »Maskerdam« ausgesprochen wird. Hinter den mit Schnitzwerk verzierten Türen befinden sich auch holländische Möbel, Geschenke der holländischen Königin Wilhelmina. Ein weiterer Bau in diesem Komplex ist als Bale London bekannt, da einige der Möbel das Wappen der britischen Königsfamilie tragen.

Umgebung: Südlich von Amlapura, im Strandort Jasri, liegt die kleine **Sorga Chocolate Factory**. Besucher können beim ganzen Prozess der Schokoladenherstellung zusehen – vom Einbringen der Kakaofrüchte bis zum Endprodukt, köstlichen, biologischen Schokoladentafeln und Schokotrüffeln (*sorga* bedeutet »Himmel«). Es gibt auch Verkostungen und Workshops.

Puri Agung
Jalan Sultan Agung · tägl.

Sorga Chocolate Factory
Jalan Pura Mastima, Jasri · Mo – Sa 8 –17, So 14 –17 · sorgachocolate.com

Schon gewusst?

David Bowie und Tin Machine veröffentlichten 1991 einen Song über Amlapura.

17

Pura Lempuyang

G2 · Fahren Sie durch die Dörfer Tista, Abang und Ngis Tista · Amlapura; +62 363 21 196 · tägl. 7 –17

Für den Besuch von Pura Lempuyang sollte man einen ganzen Tag einplanen, vor allem wenn eine Tempelzeremonie stattfindet. Der Weg dorthin ist Teil der Attraktion. Die Straße von Tirtagangga führt nordöstlich durch ein Tal und verläuft entlang üppiger Reisfelder.

→ *Blick durch das geteilte Tor von Pura Agung Lempuyang Tara Penah*

Lempuyang ist ein Komplex aus sieben Tempeln, der spektakulärste ist Pura Agung Lempuyang Tara Penah. Die Tempelwächter, drei Paare riesiger Wasserschlangen, säumen Treppen mit balinesischen Türen am oberen Ende.

Etwa einen Kilometer entfernt steht ein weiterer Tempel: Pura Pasar Agung Lempuyang. Um ihn zu erreichen, muss man 1700 Stufen erklimmen. Die Treppe, an der sich mehrere Rastplätze befinden, windet sich durch Wälder hoch zum Tempel von Lempuyang Luhur in 768 Meter Höhe südöstlich vom Gunung Agung. Er ist nicht groß, hat nur einen Hof, ist aber einer der ältesten und bedeutendsten Tempel und wichtig aufgrund seiner Lage. Hier befand sich wahrscheinlich schon zu Vor-Hindu-Zeiten eine heilige Stätte, die spirituelle Energie ist fast körperlich zu spüren. In den 1960er Jahren, bevor es auf Bali Elektrizität gab, meldete ein Satellit einen blauen Strahl von der Erde, Ausgangspunkt des Strahls soll Pura Lempuyang Luhur gewesen sein.

18

Amed

G2 Amlapura; +62 363 21 196

Amed ist der Name für mehrere kleine Fischerdörfer, die an einem zehn Kilometer langen Streifen an der östlichsten Küste liegen. Man erreicht sie über eine gewundene Straße, die sich um steile Landzungen, geschützte Buchten und graue Sandbuchten, in denen die traditionellen *Jukung*-Fischerboote ankern, schlängelt. Die Gegend mit fantastischem Blick auf den Gunung Agung im Sonnenuntergang und schönen Sonnenaufgängen über Lombok bietet einige der besten Korallenriffe und Tauchplätze der Insel. Hier beginnen auch viele Wanderwege auf die Hänge des Gunung Seraya.

Es gibt viele Tauchresorts, Hotels und Restaurants. Am Strand wird immer noch Salz gewonnen, Fischer nehmen Besucher mit auf eine Fahrt mit den traditionellen Booten.

Das verschlafene Marktstädtchen Seraya liegt oberhalb der Felsküste. Hier soll das erste Mal das heilige, schwarz-weiß karierte *Poleng*-Tuch gewebt worden sein, das man überall auf Bali sieht – drapiert rund um Bäume und Statuen und als Kleidung getragen bei Zeremonien. Die Dorfbewohner bauen natürliche Färbepflanzen wie Morinda und Indigo an, und man kann den Frauen dabei zusehen, wie sie die traditionellen Seraya-Textilien weben.

Restaurants

Warung Enak

In dem charmanten Lokal gibt es traditionelle balinesische Küche.

G2 Purwakerti, Amed
+62 819 1567 9019

Rp

Sails Restaurant

Sails bietet mediterrane Gerichte.

G2 Bunutan, Amed
+62 363 22 006

RpRp

Aquaterrace

Köstliche indonesische und panasiatische Küche.

G2 Selang Bunutan, Amed
aquaterrace-amed.com

RpRp

19
Gunung Agung
F2

Der mächtige Gunung Agung, der höchste Punkt Balis, ist ein 3014 Meter hoher aktiver Vulkan und das dominante Merkmal Ostbalis. Balinesen halten ihn für die Nachbildung des Bergs Meru – die zentrale Achse des Universums – auf Erden. Deshalb spielt er in ihrem Leben auch eine wichtige Rolle. Dörfer richten ihre Häuser, Tempel und selbst die Betten nach diesem geheiligten Ort aus. Man glaubt, dass dort die Geister der Ahnen wohnen.

Die karge Ostseite des Gunung Agung ist immer noch Zeugnis des verheerendsten Ausbruchs in der jüngeren Geschichte im Jahr 1963. Manche glauben, der Ausbruch sei eine Strafe dafür gewesen, dass eine religiöse Zeremonie, die alle 100 Jahre auf ganz Bali abgehalten werden muss, um Dämonengötter zu besänftigen, zeitlich falsch berechnet wurde.

Da der Vulkan wieder aktiv ist, ist es aktuell aus Sicherheitsgründen verboten, den Gunung Agung zu besteigen. Aber selbst an den tiefer gelegenen Hängen sollten sich Besucher immer bewusst sein, dass sie sich an einem heiligen Ort befinden: Kleiden Sie sich so, als wenn Sie einen Tempel besuchen würden *(siehe S. 199)*, und verhalten Sie sich respektvoll.

Die Kraft des Gunung Agung

Der Vulkan Gunung Agung gehört zur selben Klasse wie Krakatoa, Vesuv und Mount St. Helens. Auch bei ihm kann es zu verheerenden Ausbrüchen mit einem pyroklastischen Strom kommen, bei dem eine Wolke brennenden Gases den Berghang vor der Lava hinabrollt. Die letzte Eruptionsperiode begann im Jahr 2017 und zog die Evakuierung von 122 500 Menschen nach sich. Seit dieser Zeit gibt es eine Gefahrenzone von sechs Kilometern rund um den Vulkan. Im Mai 2019 wurde der Süden Balis nach einer fünfminütigen Eruption mit Asche bedeckt.

20
Pura Tegeh Koripan
E1 von Kintamani
Penelokan; +62 366 51 370
bei Zeremonien

Der Pura Tegeh Koripan (auch als Pura Sukawana oder Pura Penulisan) ist einer der ältesten Tempel auf Bali – aus dem 11. Jahrhundert, vielleicht sogar noch älter. In etwa 1500 Meter Höhe an der Seite des Gunung Penulisan ist er sicher einer der höchstgelegenen.

Der Komplex besteht aus fünf Tempeln. Wegen der Pyramidenstruktur auf elf Terrassen entlang dem Hang datiert man ihn auf die Zeit vor der hinduistisch-buddhistischen Ära und assoziiert ihn mit der megalithischen Kultur auf Bali. Zum Haupttempel Pura Panarajon gelangt man über 300 Stufen – die höchste Stelle der Anlage. Innen gibt es steinerne Inschriften und Statuen aus dem 10. Jahrhundert.

Von den Hängen des Gunung Penulisan hat man eine hervorragende Aussicht – an klaren Tagen schweift der Blick bis nach Java im Osten und zum Meer im Norden.

21 Kintamani

E2 · Penelokan; +62 366 51 370

Eines der beliebtesten Ziele bei Bali-Besuchern ist Kintamani, das vor allem wegen der Lage an einem Krater bemerkenswert ist. Der Blick von Kintamani in den Krater des Gunung Batur *(siehe S. 120f)* ist vielleicht der berühmteste Aussichtspunkt der Insel, wie die zahlreichen Ausflugsbusse zeigen.

Kintamani ist eines von drei Dörfern auf dem Kraterrand des Gunung Batur, die anderen beiden sind Penelokan und Batur. Es ist schwer zu sagen, wo das eine Dorf endet und das andere beginnt, sie sind auch wegen der vielen touristischen Einrichtungen zusammengewachsen. Die ganze Straße wird zu einem großen Parkplatz, wenn die Busse ankommen. Kommen Sie früh vor den Massen hierher, dann können Sie auch die besten Fotos schießen, weil es nachmittags bewölkt sein kann.

Die vielen Besucher kommen nicht, um das Dorf zu besuchen – sie kommen wegen der wunderbaren Aussicht. Der Aufenthalt lohnt sich, um von einem hohen Aussichtspunkt die darunterliegende Landschaft zu bewundern. Von dort sieht man das Bali-Aga-Dorf Trunyan *(siehe S. 121)* am Rand des Sees und den Gunung Abang auf der Ostseite des Sees gegenüber dem Gunung Batur.

Der Batur-See liegt in einer viel älteren Caldera und wird von warmen Quellen gespeist. Bei Toya Bungkah gibt es Badeplätze. An der Straße am Kraterrand entlang gibt es viele Lokale, auch ein Vulkanmuseum und einen Markt, der frische Produkte verkauft.

↑ *Anleger mit Bar und Vergnügungsbooten am Batur-See, Kintamani*

22 Bayung Gede

E2 · 8 km südwestl. von Kintamani

In dem kleinen Dorf scheint die Zeit stillzustehen. Es soll das erste Dorf der Bali Mula, der frühesten Bewohner der Insel aus prähinduistischer Zeit, gewesen sein, und hier werden immer noch die Traditionen der Gründer hochgehalten.

In Bayung Gede geht alles gemächlich vonstatten, was sicher auch daran liegt, dass es hier fast keine Fahrzeuge gibt. In den Häusern leben mehr als 2000 Einwohner, die ganze Gemeinde ist von einem Schutzwall aus Bambuspflanzen umgeben. Die Dächer bestehen aus miteinander verwobenen Bambusblättern. Wenn jemand ein neues Dach braucht, kommen Familien und Freunde zu *gotong royong* (gemeinsame Arbeit) zusammen und bauen ein neues Dach.

← *Rauch und Dampf steigen vom Krater des Gunung Agung auf*

Restaurant

Bali Asli

Das Restaurant mit Kochschule an den Ausläufern des Gunung Agung bietet einen fantastischen Ausblick und klassische balinesische Gerichte aus selbst angebauten Produkten, die in einer traditionellen Küche zubereitet werden.

G2 · Jalan Raya Gelumpang, Gelumpang · baliasli.com

Rp Rp Rp

Der Tanah-Lot-Tempel (siehe S. 156) *auf einem kleinen Eiland vor der Küste*

Nord- und Westbali

Nord- und Westbali umfasst die Regierungsbezirke Tabanan, Jembrana und Buleleng mit ihren Hauptstädten Tabanan, Negara und Singaraja. Nach Westen hin steigt der Anteil der muslimischen Bevölkerung. Die älteren muslimischen Siedlungen wurden im 17. Jahrhundert von Bugis-Seeleuten gegründet, die nach Bali kamen, um der niederländischen Invasion von Sulawesi 1667 zu entkommen.

Die Geschichte dieses Teils von Bali bestimmen das Meer und die Traditionen der Höfe: Singaraja und Negara erinnern eher an Küstenhandelsstädte auf Java als an balinesische Siedlungen. Nordbali weist einen viel stärkeren Einfluss der holländischen Kolonialherrschaft auf als der restliche Teil der Insel, der erst später kolonialisiert wurde. Nach der brutalen Einnahme Bulelengs 1849 setzten die Holländer im Jahr 1855 eine Präfektur in Singaraja ein. In dessen Stadtbild ist deshalb das Erbe der Kolonialherrschaft mit alten Bürohäusern und Residenzen noch immer präsent.

Von Singaraja und der Umgebung aus starteten die Niederländer zwischen 1906 und 1908 ihre letzten Feldzüge gegen die südbalinesischen Königreiche Badung, Tabanan und Klungkung. Die europäische Presse kritisierte die Gewalt dieser Kämpfe, die sie als Massaker bezeichnete. Um ihr internationales Image aufzupolieren, ergriffen die Niederländer zahlreiche Maßnahmen zur Bewahrung der balinesischen Kultur, führten aber auch das Transmigrationsprogramm ein, mit dem sie Menschen aus dicht besiedelten Gebieten Indonesiens in weniger bevölkerte umsiedelten. Diese Praxis setzte sich auch nach der Unabhängigkeitserklärung Indonesiens im Jahr 1949 fort, und viele Nordbalinesen wurden nach dem Ausbruch des Gunung Agung im Jahr 1963 aus dem Gebiet vertrieben. Die Abwanderung bremste die Entwicklung des Tourismus in Nord- und Westbali, und heute werden diese Regionen von Reisenden aufgesucht, die den Menschenmassen entkommen wollen.

Nord- und Westbali

Highlights

1 Taman Nasional Bali Barat
2 Singaraja
3 Pura Meduwe Karang
4 Pura Taman Ayun

Sehenswürdigkeiten

5 Pura Tanah Lot
6 Kapal
7 Pejaten
8 Krambitan
9 Tabanan
10 Bali Butterfly Park
11 Marga
12 Blayu
13 Sangeh
14 Sangeh Monkey Forest
15 Yeh Panas
16 Gunung Batukau
17 Pura Gangga
18 Perancak
19 Negara
20 Medewi Beach
21 Gilimanuk
22 Makam Jayaprana
23 Menjangan-Insel
24 Pemuteran
25 Pantai Gondol
26 Banjar
27 Munduk
28 Pupuan
29 Tamblingan-See
30 Buyan-See
31 Bratan-See und Bedugul
32 Lovina
33 Jagaraga
34 Gitgit
35 Tejakula

0 Kilometer 10
N
Pura Meduwe Karang 3
Air Sanih
Kubutambahan
Singaraja 2
Sangsit
33 Jagaraga
Pacung
Julah
35 Tejakula
Sembiran
Sawan
Geretek
Anturun
Yeh-Mempeh-Wasserfall
Lovina 32
Pegayaman
Sudaji
Bakungan
Tembok
Selat
34 Gitgit
Satra
Bayun
Munduk Bawan
Seririt
Singsing-Wasserfall
26 Banjar
Dusa
Pengastulan
Sidatapa
Penulisan
Buyan-See
Pedawa
Lampu
Gunung Catur 1861 m
Catur
Kintamani
Ostbali
Seiten 112–143
Mayong
30
Mungsengan
Candi Kuning
Batur-See
Munduk 27
29
Abang
Tamblingan-See
31 Bratan-See
Kedisan
31
Pelaga
BANGLI
Gunung Sangiyang 2095 m
Bedugul
Mangguh
Suter
28 Pupuan
Baturiti
Pelaktiying
16
Pasut
Pujungan
Gunung Batukau
Pacung
Sengkaduan
Bunteh
Bangkled
Jatiluwih
Batukau
Apuan
Besakih
Bonjaka
Petang
Blimbing
Yehempas
Menanga
Penebel
Ayung
Zentralbali
Seiten 90–111
Susut
TABANAN
Pura Gangga 17
Yeh Panas
Marga
Bangli
Sangeh Monkey Forest
Sideman
15
11
14
Gaga
Wanasari
Sembung
13 Sangeh
KLUNG-KUNG
Surabrata
Bali 10
Bunutin
Antosari
Butterfly Park
Blayu
Blahkiuh
Jagaperang
12
Baha
GIANYAR
Soka Beach
9
4 Pura Taman Ayun
Krambitan 8
Tabanan
Gianyar
Semarapura
Mengwi
Penarukan
Kediri
Klotak
6 Kapal
Belega
Klating Beach
Pejaten 7
Lukluk
Sempidi
Sukawati
Tanah Lot
Kangkang
5
Pura Tanah Lot
Südbali
Seiten 62–89
Indischer Ozean
Kuta
Ngurah Rai International Airport
Kuta Selatan
Halbinsel Bukit
Nord- und Westbali

Plattform über dem dichten Wald im Menjangan Resort, Taman Nasional Bali Barat ↑

Highlight

1

Taman Nasional Bali Barat

B2 Besucher müssen im Hauptquartier des Parks eine Erlaubnis beantragen, Jalan Raya Gilimanuk, Cekik; +62 365 610 60

Den äußersten Westen Balis nimmt der Taman Nasional Bali Barat (West Bali National Park) ein, der vom Indonesian Forestry Service verwaltet wird. Das im Jahr 1941 von den Holländern gegründete Reservat umfasst 770 Quadratkilometer geschütztes Land. Es soll die Natur Balis erhalten und einigen bedrohten Arten Zuflucht bieten.

In dem Park kann man durch Regenwald wandern, Savannen und Küstengebiete mit Mangroven erkunden und rund um die Insel Menjangan die Unterwasserwelt entdecken. Hier gibt es mehr als 200 Pflanzenarten und über 300 verschiedene Tierarten, darunter auch der Balistar. Weitere geschützte Spezies sind das Indien-Schuppentier, das Schwarze Riesenhörnchen, das Malaiische Stachelschwein und die Marmorkatze. Für den Besuch bedarf es einer behördlichen Genehmigung und eines offiziellen Führers. Man darf nur zu Fuß unterwegs sein.

Der Balistar

Der Balistar *(Leucopsar rothschildi)* ist die einzige endemische Vogelart Balis und einer der weltweit am meisten bedrohten Vögel. Seit 2005 gibt es Zuchtprogramme. Das Naturschutzprojekt im West Bali National Park ist ein international gefördertes Projekt, die Vögel in Gefangenschaft zu züchten, um sie anschließend wieder auszuwildern.

↑ *Die Gewässer rund um Menjangan sind fischreich*

Highlights

Naturweg

▽ An der Route des kleinen Streifzugs über Flüsse und durch Regenwald liegen mehrere Waldschreine

Grasland

Am ruhigen Strand von Pantai Gondol erstreckt sich fruchtbares Grasland bis zum Meer

Sambar

△ Die Berghänge sind Lebensraum von Pferdehirschen, die sich frei im Park bewegen

Bali-Sapi

Das einheimische Rind, das vom wilden *banteng* abstammt, wurde für die Arbeit auf den Reisfeldern domestiziert

Mangroven

△ Mangroven schützen die Küste vor Erosion. Hier leben Schlammspringer und Krebse

An den Ständen des Pasar Anyar werden frische Produkte verkauft

❷

Singaraja

D1 · an Jalan Surapati, Jalan Ahmad Yani und bei Sangket · Jalan Veteran 2; +62 361 25 141

Singaraja, Nordbalis kommerzielles Zentrum und nach Denpasar Balis zweitgrößte Stadt, war zu Kolonialzeiten Balis Verwaltungshauptstadt. Mit seiner schönen Uferpromenade und den niederländischen Kolonialgebäuden ist die alte Königsstadt ideal für einen Spaziergang.

①

Chinesischer Tempel

Jalan Erlangga 65
+62 368 263 32

Der Tempel mit den roten Dachziegeln, der mit goldenen Kalligrafietafeln verziert ist, zeugt vom Einfluss der chinesischen Gemeinde in diesem Teil von Singaraja.

②

Pasar Anyar

Jalan Diponegoro und Jalan Gajah Mada
tägl. 24 Std.

Es gibt zwei Märkte in Singaraja. In dem in der Jalan Diponegoro werden an vielen Ständen frische Früchte, Gemüse, Fisch, Fleisch, Blumen und Gebrauchsgegenstände verkauft.

Auf dem kleineren Markt in der Jalan Gajah Mada gibt es alle möglichen Handwerksgegenstände und Souvenirs. Hier geht es vor allem nach Sonnenuntergang recht lebhaft zu, wenn es kühler ist.

③

Pura Jagat Natha

Jalan Pramuka

Singarajas Haupttempel ist ein großer Komplex aus mehreren Gebäuden, die mit filigranen Reliefs verziert sind. In einem Hof finden abends *Gamelan*-Proben statt.

④

Königspalast Puri Singaraja

Jalan Mayor Metra
+62 362 229 74
tägl. 16–18

Der Königspalast, oft auch Puri Agung oder Puri Gede genannt, wurde Anfang des

Traditionelles balinesisches Holzhaus im Puri Singaraja

Schon gewusst?

In Singaraja sieht man niederländische, chinesische und islamische Einflüsse.

17. Jahrhunderts gebaut und war die Hauptresidenz der Rajas des Königreichs Buleleng. Von den niederländischen Invasoren zerstört, wurde er Anfang des 19. Jahrhunderts wiederaufgebaut. Der Palast ist ein faszinierendes Netzwerk von ineinandergreifenden Höfen sowie Häusern, Tempeln und Schreinen im traditionellen balinesischen Stil. Nur geführte Touren.

⑤

Puri Sinar Nadiputra

Jalan Veteran, neben Gedong Kertya
Mo – Do, Sa

In der Weberei in einem früheren Palast kann man bei der Textilherstellung zusehen. Im angrenzenden Laden werden *Ikat*-Tücher aus Seide und Baumwolle verkauft.

⑥

Unabhängigkeitsdenkmal

Jalan Pelabuhan Buleleng

Am alten Hafen steht das beeindruckende Unabhängigkeitsdenkmal, das den Freiheitskämpfer Yudha Mandala Tama zeigt, wie er aufs Meer deutet. Er wurde von einem niederländischen Patrouillenboot aus erschossen, als er am Beginn des Unabhängigkeitskriegs statt der holländischen Flagge die indonesische hisste. Der Hafen von Singaraja mit Pier ist einer der pittoreskesten Teile der Stadt.

⑦

Gedong Kertya

Jalan Veteran 20 und 22
+62 362 22 645
tägl. 8 – 16 (Do – Fr ab 9)

Das Museum Gedong Kertya wurde 1928 von den Holländern gegründet und zeigt eine riesige Sammlung alter balinesischer *Lontar*-Bücher und -Manuskripte. Es ist das einzige *Lontar*-Museum der Welt. Die Bücher behandeln Themen wie Geschichte, Literatur, Mythologie und Religion. Gezeigt werden auch einige ältere Werke, *prasati*, mit traditionellen Sagen beschriebene Kupferplatten.

⑧

Nagasepaha

8 km südl. von Singaraja

Das Dorf Nagasepaha ist berühmt für seine Glasmaler. Initiator war der Puppenspieler Jero Dalang Diah. Er schnitt die Puppen für seine Geschichten aus Büffel- oder Kuhleder, bevor er sie bemalte. 1950 wurde er von japanischer Glasmalerei inspiriert und begann, auf Glas zu malen, meist Szenen der traditionellen balinesischen *Wayang*-Geschichten. Heute praktizieren seine Nachkommen und einige Nachbarn diese Kunstform und verkaufen ihre Glasmalereien.

Highlight

Lontar

Die *Lontar*-Schriften gehören zum balinesischen Kulturerbe. Sie bestehen aus Palmblättern, die getrocknet, in Wasser eingeweicht, gesäubert, bedampft, wieder getrocknet und dann flach geklopft, gefärbt und in Streifen geschnitten werden. Diese Blätter werden dann mit einem spitzen Griffel beschrieben, illustriert und danach geschwärzt, um die Schrift lesbar zu machen.

3

Pura Meduwe Karang

E1 Jalan Raya Air Sanih, Kubutambahan
+62 361 235 600 von Singaraja tägl. 8–17

Der große Tempel, der Ende des 19. Jahrhunderts gebaut wurde, ist den Bodengeistern geweiht und für seine Statuen und weitere Steinmetzarbeiten bekannt.

Pura Meduwe Karang, der aufgrund seiner Größe als einer der Haupttempel Balis gilt, zeigt einen blumigen Dekorstil, der für Nordbali charakteristisch ist. Es gibt mehrere hintereinanderstehende, geteilte Tore und zwei symmetrische *gedong* (Pavillons). Der höchste Punkt ist der überragende, kunstvoll verzierte Schrein Betara Luhur Ing Angkasa. Das bekannteste und ungewöhnlichste Steinrelief befindet sich an der Basis des Hauptsockels im inneren Heiligtum und zeigt einen Fahrradfahrer mit einer Lotosblüte als Hinterrad.

Schon gewusst?

Meduwe Karang ist der Schutzgott der Felder und der Fruchtbarkeit.

Der längliche **Pavillon** an einer Seite des Vorhofs dient bei Festen als Versammlungshalle.

→ *Grundriss von Pura Meduwe Karang*

Die große Parade der **34 Steinfiguren** auf der Eingangsterrasse stellt Charaktere des indischen *Ramayana*-Epos dar.

Terrassen verschiedener Ebenen sind durch **Stufen** verbunden.

← *Steinskulpturen von Figuren aus dem alten indischen* Ramayana-*Epos*

Wer zum Hauptschrein hinaufsteigt, passiert auf jeder Ebene des Tempels ein mit Reliefs verziertes ***candi bentar*** (geteiltes Tor).

An der Seite des Hauptschreins ist ein **Europäer mit Fahrrad** mit einer Lotosblume als Hinterrad abgebildet.

Der imposante **Schrein Betara Luhur Ing Angkasa** ehrt den »Gott, der den Boden besitzt«. Opfer werden auch der Sonnengöttin Surya und Mutter Erde für die Fruchtbarkeit des Bodens dargebracht.

Skulpturen von Figuren aus balinesischen Sagen schmücken die Mauern rund um den zentralen Hof.

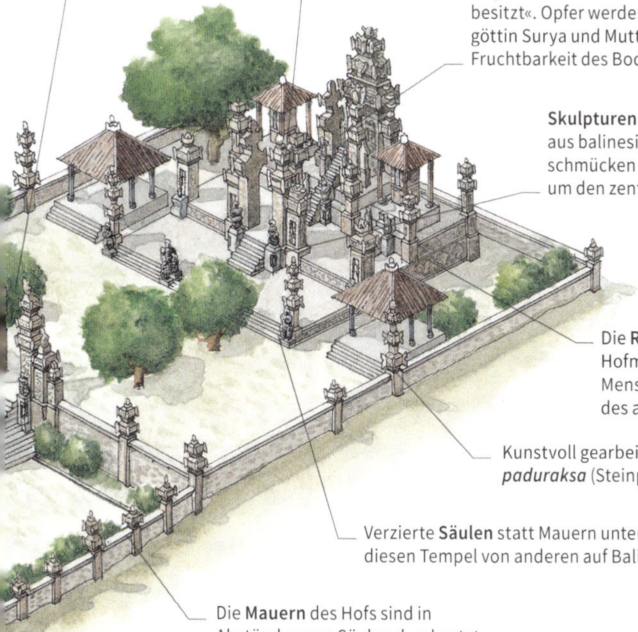

Die **Reliefs** an den Hofmauern zeigen Menschen und Szenen des alltäglichen Lebens.

Kunstvoll gearbeitete ***paduraksa*** (Steinpfosten)

Verzierte **Säulen** statt Mauern unterscheiden diesen Tempel von anderen auf Bali.

Die **Mauern** des Hofs sind in Abständen von Säulen durchsetzt, deren Spitzen verziert sind.

1

2

3

1 *Auf der Eingangsterrasse stehen drei Reihen von Figuren aus dem* Ramayana-*Epos.*

2 *Am Eingang stehen Steinfiguren wie der Schutzdämon.*

3 *Der Radfahrer soll der holländische Künstler W. O. J. Nieuwenkamp sein, der 1904 das erste Rad nach Bali gebracht haben soll.*

4

Pura Taman Ayun

D3 Mengwi +62 361 756 176
von Denpasar tägl. 9–15:15
einige Teile sind nicht zugänglich (außer bei Festen).

Der Tempel Taman Ayun (»Riesiger Garten«) ist von Wassergräben umgeben und symbolisiert die Hindu-Welt im kosmischen Meer. Zu sehen ist wunderbare traditionelle Architektur inmitten riesiger Gärten mit Lotosteichen.

Die *Meru*-Türme des Tempels repräsentieren die Berge, den Wohnsitz der Götter. Auf einer Achse, die Berge und Meer verbindet, soll Pura Taman Ayun die harmonische Zirkulation des Wassers von den Bergen Balis zu den Reisfeldern, dann zum Meer und zurück zu den Bergen sichern.

Der ursprünglich um 1634 von den damaligen Herrschern des Mengwi-Königreichs erbaute Tempel wurde 1937 restauriert. Er birgt Ahnenschreine der früher hier herrschenden Mengwi-Familie und ihrer Nachfahren sowie Schreine, die bestimmten Bergen wie dem Gunung Batur, dem Gunung Agung und dem Gunung Batukau, dem Meer und Fruchtbarkeitsgöttern geweiht sind.

↑ *Meru-Türme sind Schreine für die Gottheiten der Berge Balis*

→ *Traditionelle Steinstatue in Pura Taman Ayun*

Schon gewusst?

Die Ziegelmauern um den Haupttempel sind traditionell ohne Mörtel gebaut.

↑ *Kori Agung, das Haupttor zum Pura Taman Ayun, und Detail einer Statue von Sai* (Detail), *einer Wächterfigur am Türsturz des Tors*

SEHENSWÜRDIGKEITEN

5 Pura Tanah Lot

D4 Tanah Lot von Denpasar und Kediri
Tabanan; +62 361 880 361
tägl. 6–19

Der Pura Tanah Lot, eines von Balis bekanntesten Wahrzeichen, ist ein Tempel auf einer kleinen Insel 100 Meter vor der Küste. Es kann dort überlaufen sein. Um den Tempel richtig wahrnehmen zu können, begibt man sich am besten kurz vor Sonnenuntergang dorthin. Wenn die Sonne untergeht, bilden die Schreine eine großartige Silhouette gegen den gleißenden Horizont – ein beeindruckender Anblick trotz des Besucherandrangs zu dieser Zeit. Die vielen Souvenir- und Erfrischungsstände sind die Haupteinkommensquelle für die Frauen und Kinder der Region.

Das Inselchen – bis Anfang des 20. Jahrhunderts ein Vorgebirge – kann man nur bei Ebbe zu Fuß erreichen. Die Klippen um die Insel wurden mit Beton verstärkt. Dreifüße wurden in die See versenkt, um die Wellen zu brechen.

Wie der Name schon sagt, liegt der Tempel am Schnittpunkt von Land *(tanah)* und Meer *(lot)*. Der dem Meer zugewandte Teil ist der balinesischen Meeresgöttin Betara Tengah Segara geweiht, der landeinwärts gerichtete Teil gilt als Sitz der Götter des Gunung Batukau *(siehe S. 160)*. Der Tempel wird mit dem heiligen Dang Hyang Nirartha assoziiert. Man sagt, er habe den Bau angeregt, um Bali vor Plagen und Epidemien zu schützen. Man dachte, diese zerstörerischen Kräfte kämen vom Meer.

Umgebung: Entlang der nahen Küste wurden viele Schreine und Tempel errichtet, um Tanah Lot zu schützen, darunter Pura Pekendungan, Pura Jero Kandang, Pura Galuh und Pura Batu Bolong. Der Letztere liegt etwas nördlich, am Ende einer felsigen Landzunge, die eine natürliche Brücke über den Indischen Ozean bildet. Der Tempel wird nur selten von Touristen besucht.

6 Kapal

E3 von Kediri und Denpasar Tabanan; +62 361 811 602

In Kapal fallen vor allem Hunderte von Läden auf, die gebrauchsfertige Tempelschreine und kitschige Zementstatuen verkaufen. Man kann hier aber auch schöne Töpferwaren erstehen.

In einer ruhigeren Straße abseits der Hauptstraße steht **Pura Sada**, der Ursprungstempel des Königshauses Mengwi. Gegen eine Spende kann man ihn besuchen. Nachdem er 1917 durch ein Erdbeben zerstört worden war, wurde er in den 1960er Jahren von indonesischen Archäologen originalgetreu im Stil des 17. Jahrhunderts wiederaufgebaut. Interessant ist der elfstöcki-

ge Stein-*meru* im Stil eines javanischen *candi*. Solche Türme, bekannt als *prasada*, sind auf Bali selten. Dieses Exemplar erinnert an die vom König behauptete Abstammung von den Majapahit-Königen *(siehe S. 54)*. Die 16 Meter hohe phallische Form unterstreicht seine Hingabe an den Hindu-Gott Shiva. An den Seiten des Turms sieht man Bilder der acht Herren der Himmelsrichtungen. Vishnu, Brahma und Shiva, die Götter der Hindu-Trimurti (Dreieinigkeit), sind auf der Ostseite porträtiert. Die Basis des Turms zeigt die sieben Seher des hinduistisch-balinesischen Kosmos. Das *candi bentar* (geteilte Tor) ist vorn und hinten mit Gruppen von Boma-Köpfen (Wachgeister) dekoriert. Diese sind ebenso geteilt wie das Tor. Die Gruppen von Minischreinen im

←
Der Tempel von Tanah Lot, an dem Land und Wasser aufeinander treffen, und eine der Wächterstatuen (Detail)

Tempelhof gedenken der Besatzung eines Schiffs, das beim Transport des Bildnisses eines Majapahit-Königs nach Bali sank.

Pura Sada
Banjar Pemebetan, bei Banjar Celuk, Kapal tägl.

7 Pejaten

D3 von Denpasar und Tanah Lot Tabanan; +62 361 811 602

Im Dorf Pejaten findet man Produkte aus Heimarbeit wie Terrakottadachziegel, Töpferwaren, Töpfe mit Farbglasuren und andere Zierobjekte, oft naiv gestaltet. Pejaten ist ideal, um ein bisschen herumzustöbern.

Umgebung: Drei Kilometer nordöstlich von Pejaten liegt das Dorf Kediri mit einer geschmückten weißen Statue im Zentrum. Kediri besitzt wegen seines Rindermarkts und der farbenfrohen Stoffe lokale Bedeutung. Die Straße nach Tanah Lot im Süden führt durch die schönsten ländlichen Gegenden Balis.

8 Krambitan

D3 von Tabanan
Tabanan; +62 361 811 602

Die kleine Stadt war bis zu Beginn des 20. Jahrhunderts ein Bauernkönigtum. Krambitan hat immer noch dorfähnliche Atmosphäre und alte Architektur und ist eine Fundgrube klassischer balinesischer Kultur.

Zwei Paläste, Puri Anyar und Puri Agung Wisata, kann man gegen eine Spende besuchen. Gelegentlich finden »königliche Feste« mit balinesischem Tanz statt, samt Fackeln und *tektekan*, einer Form von *Gamelan*-Musik, in der *cengceng* (Becken) von Bambusstöcken oder hölzernen Kuhglocken begleitet werden.

Umgebung: Sechs Kilometer südlich von Krambitan erstreckt sich der Klating Beach, ein fast unberührter schwarzer Sandstrand mit einigen einfachen *Losmen*-Unterkünften in unmittelbarer Nähe.

Ein Blick ins Palastleben

Als die königlichen Ländereien von Puri Anyar 1961 im Zuge der Landreform konfisziert wurden, verlegte sich die Familie auf die Ausrichtung von herrlichen Banketten für Politiker, Botschafter und Berühmtheiten. Wenn die Tore offen sind, kann man sich auf dem riesigen, mit Kunstwerken gefüllten Anwesen umschauen. Mit etwas Glück führt einen sogar der Prinz selbst herum.

9
Tabanan

D3 von Denpasar
Jalan Gunung Agung; +62 361 811 602

Tabanan ist eine lebhafte Handelsstadt. Das interessante, wenn auch etwas betagte **Museum Subak** präsentiert Modelle des *subak* genannten komplexen Bewässerungssystems, bei dem sich mehrere Landbesitzer das Wasser aus einer Quelle teilten. Darüber hinaus ist in dem Museum auch traditionelles Werkzeug ausgestellt.

Umgebung: Surabrata (auch Balian Beach), 30 Kilometer westlich von Tabanan, ist bezaubernd. Ein Fischerdorf an einer Klippe und ein kleiner Fluss sind Besuchermagneten. Man kann dort surfen und auch übernachten.

Museum Subak
Jalan Gatot Subroto, Sanggulan Mo–Fr 8–15:30 Feiertage
museumsubak.com

10
Bali Butterfly Park

D3 Jalan Batukau, Sandan Wanasari
+62 831 1935 6846
tägl. 9–16 (Sa, So bis 17)

Der Bali Butterfly Park (Taman Kupu-Kupu Bali) im Regierungsbezirk Tabanan ist Indonesiens größtes Schmetterlingsgehege – ein informatives Schutzgebiet für die Erhaltung von Schmetterlingen und Insekten. Bei einem Parkbesuch trifft man auf seltene und endemische Schmetterlingsarten, die man am besten an trockenen Tagen früh am Morgen sieht, wenn die Insekten am aktivsten sind. Der Park unterstützt das Studium, die Züchtung und Bewahrung der 15 bekannten Schmetterlingsarten, die in den tropischen Wäldern Indonesiens leben, sowie vieler anderer Insekten und Arachnoiden. Besucher können die unterschiedlichen Stufen der Metamorphose beobachten – von Ei, Larve und Puppe über Kokon bis zu Schmetterlingen, die schlüpfen und ihre Flügel trocknen.

Zu den bunten und geschützten Arten gehören der Schwalbenschwanz *(Troides helena)*, der Bali-Ritterfalke *(Papilio peranthus)* und der Paradies-Vogelflügler *(Ornithoptera paradisea)*.

11
Marga

E3 von Denpasar und Mengwi Tabanan; +62 361 811 602

Marga war 1946 Schauplatz einer Schlacht zwischen Holländern und balinesischen Guerillas. Auf der Westseite des Dorfs steht das Margarana-Denkmal. Neben den Gräbern der 94 Gefallenen stehen im Garten Denkmäler für 1372 Helden des Unabhängigkeitskriegs der 1940er Jahre. Die Gräber ähneln weder Christen- noch Muslim- oder Hindu-Gräbern: Es sind kleine *meru*-förmige Bauten, antiken Tempeln des javanischen Majapahit-Reichs *(siehe S. 54)* ähnlich.

Das zentrale Denkmal, das man nicht mit einem balinesischen *Meru*-Schrein verwechseln sollte, steht für den Tag der Unabhängigkeitserklärung, den 17. August 1945. Vier Stufen und fünf Säulen an seinem Fuß repräsentieren das Jahr (45), die acht Etagen seines Dachs geben den Monat an (August) und die Höhe von 17 Metern den Tag. Eine Statue des Nationalhelden Gusti Ngurah Rai vervollständigt die Anlage.

12
Blayu

E3 von Denpasar und Kediri Tabanan; +62 361 811 602

Blayu ist wie Mambal ein malerisches Dorf an einer Straße mit vielen typischen *Kori*-Haustoren. In der Nähe liegt der Affenwald von Alas Kedaton. Im **Pura Alas Kedaton** steht eine alte Statue von Ganesha, dem Hindu-Gott des Wissens.

Pura Alas Kedaton
tägl.

Schlacht von Marga

Nach der Kapitulation Japans Ende des Zweiten Weltkriegs bemühten sich die Holländer ab 1946, die koloniale Autorität auf Bali wiederherzustellen. Einheimische Nationalisten führten einen Guerillakrieg gegen sie. Am 20. November 1946 schlossen holländische Truppen westlich von Marga 95 balinesische Kämpfer unter dem Kommando von Gusti Ngurah Rai ein. Die Aufständischen kämpften bis zum letzten Mann – in einer modernen Version des *puputan* (Massenselbstmord).

Straße zum Tempel im Sangeh Monkey Forest und ein Javaneraffe (Detail) ↑

13 Sangeh

E3 von Denpasar
Tabanan; +62 361 811 602

Das Dorf Sangeh ist Zentrum eines Tourismusprojekts. Hier führen lokale Guides Besucher auf einem einfachen Weg durch einen Wald aus Fruchtbäumen, vorbei an kleinen Höfen, nach Tirta Taman Mumbul, wo riesige Bäume einen smaragdblauen See beschatten, in dem große Koi-Karpfen leben.

Der Quellentempel Pura Ulun Mumbul scheint auf dem Wasser des Sees zu schweben. Eine kleine Statue einer Wasserträgerin steht im Schatten eines erhabenen Banyanbaums. Einer Legende nach ruhte sich hier die alte Frau aus, hatte Mitleid mit dem trockenen Land und wässerte die ausgetrockneten Pflanzen. Aus ihrem kleinen Krug kam so viel Wasser, dass sich der See bildete.

Auf der gegenüberliegenden Straßenseite liegt Pancoran Solas, eine heilige Quelle, die sich über elf Wasserspeier, die von Statuen von elf Hindu-Göttern bewacht werden, in einen seichten Badepool ergießt. Einheimische kommen hierher, um während des Badens im reinigenden Wasser einen Segen zu erhalten.

In der Nähe liegt Pondok Jaka, ein balinesisches bäuerliches Anwesen mit traditionellen Häusern mit Grasodendächern und Bambuswänden, die mit einer Mischung aus Schlamm und Reisspelzen verputzt sind.

14 Sangeh Monkey Forest

E3 von Denpasar
Tabanan; +62 361 811 602
tägl. 8–16

Affen gibt es in vielen balinesischen Schluchten und auf Bergen, besonders gut kann man sie im Affenwald von Sangeh beobachten. Er besteht aus bis zu 40 Meter hohen Gurjunbalsambäumen (früher wurden sie irrtümlich für Muskatnussbäume gehalten).

Um den kleinen Tempel **Pura Bukit Sari** tief im Wald (an der Hauptstraße ausgeschildert) leben viele Affen. Sie gelten als heilig, was auf das *Ramayana* zurückgeht, in dem Prinz Rama sich mit den Affenkönigen Subali und Hanoman verbündet, um Rawana anzugreifen.

Den Affen – einer Kolonie von etwa 700 grauen, langschwänzigen Makaken – sollte man sich mit Vorsicht nähern. Sie »grüßen« mit boshaftem Grinsen, klettern Besuchern auf die Schultern und wollen nicht mehr herunterkommen, bis sie etwas zu fressen bekommen. Brüske Bewegungen können sie zum Beißen provozieren. Die Tiere stehlen sogar manchmal Brillen oder Geld. Dann muss ein *pawang* (Affenzähmer) die Objekte mithilfe einer Banane als Belohnung wiederbeschaffen.

Pura Bukit Sari
Sangeh
tägl. 7:30–18

15 Yeh Panas

D3 Penatahan, bei Penebel +62 361 262 356 von Denpasar und Tabanan tägl. 6–20

Es lohnt sich, bei den heißen Quellen Yeh Panas an der Straße nach Gunung Batukau von Tabanan oder Penebel eine Rast einzulegen. Die Hauptquellen wurden in ein Spa mit Hotel umgewandelt und sind öffentlich zugänglich. Hier steht auch ein Quellentempel.

Heiße Quellen gibt es auch im Dorf Angsri bei Apuan. Sie liegen in einer natürlichen Umgebung, haben aber keine modernen Einrichtungen.

16 Gunung Batukau

D2 von Denpasar und Tabanan Tabanan; +62 361 811 602

Der Gunung Batukau ist nach dem Gunung Agung der zweithöchste Gipfel Balis. An seinen Hängen befindet sich der letzte echte Regenwald der Insel. Der Berg, der von den Balinesen sehr verehrt wird, dient als Bewässerungsquelle für die südliche und westliche Umgebung.

Der Pura Luhur Batukau liegt unter den hohen Bäumen am Fuß des Gunung Batukau und ist diesem Gipfel und der Göttin des nahen Tamblingan-Sees *(siehe S. 165)* geweiht. Stets halten hier Gläubige ihre Rituale ab oder erbitten heiliges Wasser.

Der Reiz des Tempels liegt in der Mischung aus Architektur und Natur: Die Spitzen seiner *Meru*-Schreine und anderer Pavillons scheinen vom Wald verschlungen zu werden. Bäume, Büsche und Gras kontrastieren mit dem schwarzen und rötlichen Tempelbau. Daher stammt der Name der zentralen Gottheit des Tempels: Sang Hyang Tumuwuh (»Höchster Pflanzenzüchter«).

Umgebung: Östlich von Pura Luhur Batukau Richtung Baturiti liegen die Reisterrassen von Jatiluwih, die bis zum Meer reichen. In Pacung, an der Abzweigung nach Jatiluwih und Batukau, liegen weitere schöne Reisterrassen.

17 Pura Gangga

E3 an der kleinen Straße via Perean nach Apuan und Baturiti Tabanan; +62 361 811 602

Der Tempel liegt an der Hauptstraße nach Bedugul am Ufer eines kleinen Flusses. Der Tempel besitzt einen siebenstöckigen *meru* mit Steinsockel, der – unüblicherweise – vorn offen ist (die meisten sind geschlossen). Obwohl der Tempel nicht für Besucher geöffnet ist, kann man die Anlage gut von außerhalb der Umfriedung sehen.

Schon gewusst?

Pura Gangga ist nach dem heiligen Fluss Ganges (Gangga) in Indien benannt.

18 Perancak

B2 Negara; +62 365 41 060

In dem ruhigen muslimischen Dorf Perancak mit schönem schwarzem Sandstrand, das von immigrierten Maduresen bewohnt wird, steht eine Moschee mit einem mehrstufigen Dach im traditionellen indonesischen Stil. Die Maduresen führten hier ihre typischen Fischerboote ein. Im Mündungsgebiet des Flusses Perancak, zehn Kilometer von Negara entfernt, findet man eine »geheime Flotte« – eine Armada von Dutzenden großen, verzierten traditionellen Holzbooten mit hohem Bug,

selerek genannt. Jedes Boot ist reich dekoriert mit Bildern aus der Hindu- und muslimischen Mythologie sowie Schnitzereien und Skulpturen, Ausgucken, die aussehen wie geflügelte Wagen, Wimpeln, Perlen und Spiegeln. Weitere dieser bunten Boote sieht man im Hafen von Pengambengan, wo von den Docks *Dangdut*-Musik schallt, eine Mischung aus malaiischen und westlichen Elementen, indischer Film- und arabischer Popmusik.

19 Negara

B2 · von Denpasar und Gilimanuk · Jalan Ngurah Rai; +62 365 41 060

Negara wurde von den Bugis gegründet. Der gut erhaltene Stadtkern ist einen Besuch wert. Auf beiden Seiten des Flusses Ijo Gading, südlich der zentralen Brücke auf der Jalan Gatot Subroto, liegt die Bugis-Gemeinde Loloan. Ein Bummel durch die Straßen erinnert an die Atmosphäre der Insel Sulawesi, von der viele frühe Bugis-Einwanderer stammen. Holzhäuser mit kunstvoll geschnitzten Balkonen säumen die Straßen. Die schönsten befinden sich am Ende der Jalan Gunung Agung und an der nahen Jalan Puncak Jaya. Loloan hat mehrere traditionelle *pesantren* (islamische Internate).

Negara ist auch für seine *jegog* bekannt, *Gamelan*-Orchester mit großen Bambusinstrumenten. Ein Sport, der von den Nachfahren der Maduresen aus Ostjava eingeführt wurde, ist *makepung*, ein Rennen mit geschmückten zweirädrigen Karren, die von zwei Büffeln gezogen werden. Bei den Rennen treten zu Ehren des Erntegotts die schönsten Bullen und die versiertesten Jockeys an.

← *Blick auf Reisfelder bei Pupuan auf den Gunung Batukau*

↑ *Der Tempel Pura Rambut Siwi beim Medewi Beach*

Umgebung: Vier Kilometer westlich führt eine kleine Straße zum ruhigen, acht Kilometer entfernten Strand von Rening.

Im Norden von Negara befinden sich die christlichen Siedlungen Palasari (katholisch) und Blimbingsari (protestantisch). Sie wurden Ende der 1930er Jahre auf staatlichem Boden gegründet. Die Holländer siedelten hier konvertierte Balinesen an, die man aus ihren Gemeinden ausgeschlossen hatte. Die Architektur der Dörfer ist ein Mix aus balinesischem und nordholländischem Stil.

Die Büffelrennen von Negara

Jedes Jahr von Juli bis November treten Hunderte von Bullenpaaren auf Bahnen entlang von Reisfeldern gegeneinander an. Mit Glocken, Tüchern und dekorativen Gurten behangen, wird jedes Bullenpaar vor einen bunt bemalten Holzkarren gespannt, der von einem Jockey gelenkt wird. Das Rennen ist fester Bestandteil des balinesischen Lebens, wird aber von Tierschutzorganisationen kritisiert.

20 Medewi Beach

C2 · von Denpasar · Negara; +62 365 41 060

Medewi ist ein Surferparadies an Balis Westküste. Die Wellen werden bis zu sieben Meter hoch. Auf dem Strand aus schwarzem Sand liegen schwarze Steine verstreut. Es ist ein herrlicher Anblick, wenn diese bei Sonnenuntergang glitzern. Am Horizont sieht man die javanische Küste.

Umgebung: Der Tempelkomplex **Pura Rambut Siwi** steht auf einer Landzunge sechs Kilometer westlich mit schöner Sicht aufs Meer. Der Haupttempel wurde zu Ehren von Dang Hyang Nirartha errichtet, der die Bewohner von einer tödlichen Krankheit heilte. Es gibt einen einzelnen dreistöckigen *meru*. Eine Haarlocke *(rambut)*, angeblich die des Priesters, wird als Reliquie im Schrein *(gedong)* aufbewahrt. Der Eingang zeigt zum Meer und wird von einer Steinstatue des dämonischen Rangda bewacht. Es gibt noch weitere kleine Tempel in Höhlen entlang den Klippen.

Pura Rambut Siwi
6 km westl. von Medewi Beach · tägl.

↑ *Ein Schwarm Grüner Schwalbenschwänzchen im Riff der Insel Menjangan*

21 Gilimanuk

A1 von Denpasar und Singaraja von Ketapang, Java Negara; +62 365 41 060

Gilimanuk ist der Fährhafen nach Java. Viele *warungs* verpflegen Reisende, die auf eine Fähre warten müssen. Sehenswert ist das gebogene »Tor nach Bali«, das von vier in die Himmelsrichtungen zeigenden flammenden Drachen überragt wird und in dessen Mitte ein Himmelsthron steht.

Umgebung: Südlich von Gilimanuk bei Cekik zeigt das **Museum Purbakala** einige Sarkophage und jungsteinzeitliche Werkzeuge aus einer nahen Begräbnisstätte. Einige Funde scheinen zu beweisen, dass es hier schon vor dem Bronzezeitalter Siedlungen gab.

In Cekik befindet sich auch die Zentrale des Taman Nasional Bali Barat *(siehe S. 148f)*.

Museum Purbakala

Jalan Raya +62 365 61 328 Mo–Fr 8–18

22 Makam Jayaprana

A1 Teluk Terima von Denpasar und Seririt Singaraja; +62 362 25 141 tägl.

Das Makam Jayaprana (»Jayaprana-Mausoleum«) ist zugleich Tempel. Man erreicht es, indem man die Straße bergaufwärts nimmt. Der Blick über den Gunung Raung auf Java, die Menjangan-Insel und Gilimanuk lohnt die Mühe.

Der Schrein wurde auf der Grabstätte von Jayaprana, einem romantischen Helden der balinesischen Volkssagen, errichtet. Jayaprana hatte eine Frau namens Layonsari geheiratet, die so schön war, dass der Herr von Kalianget entschied, ihn loszuwerden, um sie selbst zu heiraten. Der König gab vor, dass Bugis-Piraten in Gilimanuk gelandet seien, und schickte Jayaprana mit Soldaten hin, um sie zu vertreiben. Als sie dort ankamen, töteten die Männer Jayaprana. Layonsari nahm sich das Leben, um ihrem Mann im Tod nahe zu sein. Heute erhoffen sich Bittsteller am Grab Liebesgunst. Die Anlage ist mit Statuen von Jayaprana und Layonsari geschmückt.

23 Menjangan-Insel

A1 nach Labuhan Lalang von Denpasar und Seririt von Labuhan Lalang Labuhan Lalang; +62 365 61 060

Die Menjangan-Insel bietet Schnorcheln und Tauchen in unzerstörter Umgebung. Sie gehört zum Taman Nasional Bali Barat *(siehe S. 148f)* und verdankt ihren Namen dem Java-Hirsch *(menjangan)*, der von der Hauptinsel bei Ebbe herüberwandert. Die acht Tauchgründe haben eine interessante Unterwasserfauna und -flora, vor al-

Schon gewusst?

In Pemuteran gibt es das weltgrößte Korallenwiederherstellungsprojekt.

Hotel

Mimpi Resort Menjangan
Das charmante Resort an der Banyuwedang Bay bietet Spa, Pool, Thermalquellen, Terrassenzimmer und Villen.

B1 Jalan Mimpi, Batuampar, Gerokgak mimpi.com/menjangan

Rp Rp Rp

lem das Anchor Wreck, benannt nach einem überwucherten Anker.

Labuhan Lalang an der Bucht von Teluk Terima liegt der Menjangan-Insel am nächsten. Von dort setzt ein Boot zur Insel über (Tickets in der Forststation). Das letzte Boot zur Insel fährt um elf Uhr ab und ist bei Abenddämmerung wieder zurück. Im Ort gibt es einfache Unterkünfte.

24 Pemuteran

B1 Singaraja; +62 362 25 141

Das Fischerdorf Pemuteran ist ein schnell wachsender Urlaubsort mit einem großen Angebot an Unterkünften. Es gibt Korallenriffe mit tropischen Fischen, Tauch- und Schnorchelplätze und ein Schutzgebiet für Schildkröten. Es ist der ideale Ort für Besucher der Menjangan-Insel, die hier übernachten wollen. Man kann auch Boote mieten. Einige Hotels bieten schon frühmorgens Delfin-Beobachtungsfahrten an.

Umgebung: Ein kleines Stück westlich von Pemuteran liegt die Bucht Banyuwedang (»heiße Quellen«). Entlang der Küste gibt es viele Quellen, denen heilende Kräfte zugeschrieben werden. Sie liegen nur bei Ebbe frei.

Der Küstentempel **Pura Pulaki**, fünf Kilometer östlich von Pemuteran, steht an einer Stelle, wo ein Felsen steil ins Meer abfällt. Er wird mit dem Priester Dang Hyang Nirartha in Verbindung gebracht, der die hiesigen Einwohner in *gamang* (Geister) verwandelt haben soll. Hier leben – oft aggressive – Affen, die als heilig gelten.

In der **Atlas South Sea Pearl Farm**, zehn Kilometer östlich von Pemuteran, kann man auf Führungen zusehen, wie Perlen gesetzt und später geerntet werden. Die Perlen werden zu wunderschönen Schmuckstücken verarbeitet und weltweit exportiert.

Zu den Führungen auf dem **Hatten Wines Vineyard**, 13 Kilometer östlich von Pemuteran, gehören auch ein Besuch des Labors, Demonstrationen der verschiedenen Stationen der Weinherstellung und Verkostungen.

Pura Pulaki
Banyu Poh tägl.

Atlas South Sea Pearl Farm
Penyabangan
atlaspearls.com.au/pages/visit-a-pearl-farm

Hatten Wines Vineyard
Sanggalangit
tägl. 9 – 20
hattenwines.com

25 Pantai Gondol

B1 6 km westl. von Gerokgak, über das Feld neben dem Fisheries Research Project (Perikanan) Singaraja; +62 362 25 141

Der schöne weiße Sandstrand von Gondol liegt am Fuß eines schmalen Vorgebirges, dem Gondol Cape. Die beeindruckenden Korallenriffe vor dem Strand sind ein idealer Ort für ausgiebige Tauch- und Schnorchelausflüge.

→ *Pilger auf den Stufen von Pura Pulaki, einem Hindu-Tempel bei Pemuteran*

26

Banjar

D1 nach Seririt, dann eigener Transport Singaraja; +62 362 25 141

Das historische Banjar liegt in der Küstenebene, das Hochland im Hintergrund. 1871, als Banjar ein von einer Brahmanen-Familie geführtes Königreich war, widersetzte es sich den holländischen Übergriffen. Das Ereignis ging als Banjar-Krieg in die Geschichte ein. Mit einem der ersten *puputan* Balis wurde die herrschende Dynastie ausgelöscht.

Die Brahmanen von Banjar sind berühmt für ihre literarischen Talente. Im 19. Jahrhundert übertrugen sie Texte vom klassischen Kawi (Altjavanisch) ins Balinesische.

Brahma Vihara Arama ist ein buddhistisches Kloster. Es wurde 1970 von Bhikku Giri Rakhita errichtet, einem mächtigen Brahmanen, der zum Theravada-Buddhismus konvertierte – der in Thailand üblichen Form des Buddhismus. Besucher sind willkommen, übernachten können aber nur Teilnehmer der Meditationskurse.

Ein weitere Attraktion ist die **Banjar Holy Hot Spring**, beliebt bei Einheimischen und Besuchern aus Lovina. Im oberen der drei Becken ist das Wasser heiß. Aus acht Drachenköpfen strömt grüngelbes, schwefelhaltiges Wasser, das Hautbeschwerden lindern soll. Balinesen sehen die Quellen als heilig an. Bei der Quelle steht deshalb auch ein Tempel.

Umgebung: Von Banjar aus kann man das Bali-Aga-Dorf Pedawa, zehn Kilometer landeinwärts, besuchen. Es gehörte zu den Dörfern, die 1343 gegen die javanische Besetzung rebellierten. Das Dorf besitzt die typischen hinduistischen Merkmale aus der Zeit davor. Tatsächlich war die Hindu-Dreiheit Brahma-Vishnu-Shiva bis vor Kurzem hier unbekannt. Während die Balinesen mehrere Schreine für ihre Götter und Ahnen hinter ihren Häusern errichten, genügt den Einwohnern Pedawas ein einziger Bambusbau. Es gibt zwei Routen von Banjar nach Pedawa, beide führen durch eine schöne, landwirtschaftlich geprägte Berglandschaft.

In dem Bali-Aga-Dorf Sidatapa, acht Kilometer von Banjar entfernt, stehen alte Bambushäuser. Das Dorf ist eines der ältesten Nordbalis.

Die Brahmanen von Banjar sind berühmt für ihre literarischen Talente. Im 19. Jahrhundert übertrugen sie Texte vom Altjavanischen ins Balinesische.

Brahma Vihara Arama
zwischen Banjar und Pedawa tägl. 8–18 brahmaviharaarama.com

Banjar Holy Hot Spring
Jalan Banjar tägl. 8–18 banjarhotspring.co.id

↓ *Die heißen Quellen Banjar Holy Hot Spring und ein Wasserspeier in Drachenform* (Detail)

27 Munduk

D2 von Singaraja und Seririt Singaraja; +62 362 25 141

Munduk ist ein Dorf im Hochland inmitten der Kaffee- und Gewürznelkenplantagen. Es liegt auf einem Gebirgskamm bei den Vulkanseen Tamblingan, Buyan und Bratan. Hier gibt es noch einige Herbergen in holländisch-chinesischem Stilmix. Spannend ist die Werkstatt von I Made Trip, Balis berühmtestem Hersteller von Bambusinstrumenten.

Munduk ist ideal für Radtouren, Wanderungen nach Pedawa und durch die Reisfelder nach Uma Jero oder für eine Tour zu den Seen Tamblingan und Bratan. Es gibt mehrere Wasserfälle – den spektakulärsten, etwa 30 Meter hoch, findet man an der Straße nach Bedugul. Den Pfad hinab säumen Nelken- und Kaffeebäume.

28 Pupuan

D2 von Denpasar und Singaraja Tabanan; +62 361 811 602

Pupuan, Balis Zentrum des Gemüseanbaus, liegt im regenreichsten Teil Balis. Das Gebiet ist kühl und gebirgig. Die Straße von Seririt nach Antosari führt durch eine der schönsten Gegenden der Insel mit tollem Blick zur Küste. Die Route verläuft 790 Meter steil bergauf über Busungbiu, Pupuan und einen bewaldeten Pass bis zu einer üppig grünen Landschaft. Die Straße führt dann nach Blimbing und Bajra hinunter, ehe sie Reisterrassen und -scheunen passiert. Die Straße südwestlich nach Pekukatan führt durch ein Kaffeeanbaugebiet und wird an einer Stelle von den Wurzeln eines riesigen Bunutanbaums überdacht.

↑ *Ernte von Hortensien in den Feldern rund um den Tamblingan-See*

Umgebung: Bei Blimbing, zwölf Kilometer südlich, gibt es Unterkünfte, eine Panoramaaussicht und ein Lokal.

29 Tamblingan-See

D2 von Bedugul oder Munduk

Eine malerische Straße führt am Rand der massiven Catur-Caldera entlang mit Blick auf die Nordküsten der Seen Buyan und Tamblingan. Rustikale Aussichtsstationen aus Bambus stehen an der Straße, der Blick ist fantastisch. Man kann auch durch den alten Regenwald wandern, den man über eine Steintreppe auf dem Landstreifen zwischen den beiden Seen erreicht. Im Wald hört man Vögel zwitschern und sieht mit etwas Glück Drosslinge, Spechte, Drosseln und Kuckucke.

Der Pfad führt zu einer Lichtung neben dem Tamblingan-See in der Nähe des Tempels Pura Tahun mit einem elfstufigen *meru*.

Motorboote und Wassersport sind auf dem See verboten, aber man kann sich von einem Schiffer in einem *pedau akit*, einem traditionellen Doppelkanu, über den See zum kleinen Städtchen Munduk Tamblingan rudern lassen, wo der Tempel Pura Gubug steht, der der Seegöttin gewidmet ist.

↑ *Straße durch die Wurzeln eines riesigen Bunutanbaums bei Pupuan*

Expertentipp
Wandern

Während der Regenzeit (Okt – Apr) sind die Wege rund um den See sehr rutschig. Die Waldpfade sind schmal, das Gestrüpp kann bis zu zwei Meter hoch sein. In der Trockenzeit kann man hier gut wandern.

30

Buyan-See

D2 von Singaraja
Singaraja; +62 362 25 141

Von der Bergstraße hat man einen fantastischen Blick auf den See – dichtes Unterholz zieht sich bis ans Wasser. Von Fischern kann man Boote mieten. Es gibt organisierte Wanderungen zu einer Höhle an den Hängen des Gunung Lesong, nach Gesing oder nach Munduk.

31

Bratan-See und Bedugul

E2 von Singaraja und Denpasar Tabanan; +62 361 811 602

Der Bratan-See mit Wassersportangeboten wie Parasailing und Wasserski ist die Hauptattraktion des Städtchens Bedugul. Man kann Boote am See und Führer zu den Gipfeln Gunung Puncak Manggu und Gunung Catur mieten. Auf einer kleinen Insel im See steht der Pura Ulun Danu Bratan (17. Jh.). Der Tempel ist Dewi Danu, der Göttin des Sees, geweiht. Es gibt auch einen Schrein für buddhistische Gläubige mit Nischen für alle Himmelsrichtungen, in denen sich Buddha-Statuen befinden. Über eine Holzbrücke gelangt man zu einem elfstöckigen *Meru*-Schrein.

Im **Bali Botanic Garden** (155 ha) wachsen 320 Orchideenarten. Es gibt ein Herbarium, einen Farngarten und eine Sammlung zur Herstellung von *jamu* (traditionelle Medizin). Hier befindet sich auch der Bali Treetop Adventure Park.

Im Norden des Sees liegt das Handara Golf & Resort Bali (www.handaragolfresort.com) mit einem erstklassigen Golfplatz.

Bali Botanic Garden
Kebun Raya, westl. von Candi Kuning tägl.
krbali.lipi.go.id

32

Lovina

D1 Kalibukbuk; +62 362 41 910

Der Name Lovina (»Ich liebe Indonesien«) wird oft für einen langen Küstenstreifen mit einer Reihe von Dörfern, von Tukadmungga im Osten bis Kaliasem im Westen, benutzt. Das Gebiet lädt mit ruhigen, schwarzsandigen, von Kokospalmen gesäumten Buchten ein. Auslegerboote tragen zum Charme bei, manchmal zeigen sich Delfine. Schnorchler finden noch unberührte Korallenriffe.

Die Besuchereinrichtungen von Lovina liegen in der Jalan Binaria, die zu einer Delfinskulptur führt. Vom Dorf Temukus kann man zum Singsing-Wasserfall wandern.

Schon gewusst?

Der Name Lovina soll »Liebe zum Mutterland« oder »Liebe zu Indonesien« bedeuten.

33

Jagaraga

E1 von Singaraja
Singaraja; +62 362 25 141

Jagaraga war 1849 Schauplatz einer Schlacht, in der Patih Jelantik lange den Holländern widerstand, ehe er schließlich besiegt wurde.

→

Der Gitgit-Wasserfall ist von dichtem Regenwald umgeben

Die konfliktreiche Beziehung zwischen Balinesen und Holländern wird in Reliefs am Totentempel **Pura Dalem** erläutert (Anfang 20. Jh.). Die Darstellungen zeigen Flugzeuge, Schiffe und einen Europäer in einem Wagen, der von einem Bewaffneten aufgehalten wird.

Umgebung: Das Zentraltor des Pura Beji in Sangsit, vier Kilometer von Jagaraga, schmücken schöne Ornamente, z. B. *garudas* (mythische Vögel), die teils ganz, teils halb herausgearbeitet sind. Der nahe Pura Dalem zeigt Darstellungen der Höllenqualen, die jenen drohen, die unsittlich leben.

Das Land um Sawan, vier Kilometer südlich, produziert Balis besten Reis. In der Gegend gibt es eindrucksvolle Schluchten. Sawan ist auch bekannt für seine Tanz- und Musiktradition.

Der kleine Badeort Air Sanih, zwölf Kilometer östlich von Sangsit, trägt den Namen einer Quelle, die einen Pool speist – ideal zum Schwimmen. Hier gibt es ein Strandrestaurant und einfache Unterkünfte.

Pura Dalem
Jagaraga **tägl.**

34 Gitgit

D1 **von Singaraja und Bedugul** **Singaraja; +62 362 25 141**

Das Dorf Gitgit befindet sich bei einem imposanten, 45 Meter hohen Wasserfall. Er liegt 400 Meter von der Hauptstraße entfernt und ist von üppiger Vegetation umgeben. Ein weiterer Wasserfall, einen Kilometer bergauf, ist nicht ganz so hoch, aber auch nicht so überlaufen.

Umgebung: In Pegayaman nördlich von Gitgit lebt die javanische Tradition des 17. Jahrhunderts. Muslimische Einheimische ziehen am Geburtstag des Propheten mit *Tumpeng*-Opfern durch die Straßen.

←

Der Quellentempel Pura Ulun Danu Bratan am Ufer des Bratan-Sees

35 Tejakula

F1 **von Singaraja**
Singaraja; +62 362 25 141

Das alte Dorf Tejakula ist für schönen Silberschmuck und den *Wayang-wong*-Tanz bekannt. Dieser östliche Teil der Buleleng-Regentschaft ist eines der ursprünglichsten Gebiete von ganz Bali. In Tejakula gibt es idyllische Kokoshaine und ruhige schwarze Strände.

Umgebung: In der Nähe liegen mehrere Bali-Aga-Dörfer. Eines von ihnen, Sembiran (ein Stück die Bergstraße hinauf westlich von Tejakula), hat typische gepflasterte Straßen und eine imposante Sicht auf die Nordküste.

Acht Kilometer östlich von Tejakula tost der Yeh-Mempeh-Wasserfall.

Wunderschönes Korallenriff vor Gili Meno (siehe S. 177)

Lombok

Mit etwa drei Millionen Mitgliedern sind die Sasak die größte Bevölkerungsgruppe auf Lombok. Sie stammen wohl aus Nordindien und Myanmar. Die 100 000-köpfige balinesische Minderheit lebt vor allem an der Westküste.

Hauptsächlich formten zwei ethnische Gruppen Lomboks kulturelle Identität: die Javaner, die im 14. Jahrhundert den Islam einführten, und die balinesischen Hindus, die vom 16. bis Ende des 19. Jahrhunderts die Insel beherrschten. Diese Mischung trägt zur kulturellen Vielfalt bei.

Die Insel, die Teil der Kleinen Sunda-Inseln ist, besticht mehr durch ihre landschaftliche Schönheit als durch ihr architektonisches Erbe. Die Naturräume Lomboks bieten ideale Bedingungen zum Wandern, Surfen, Schnorcheln, Tauchen und Angeln.

Wie Bali liegt Lombok auf dem sogenannten Feuerring, verheerende Erdbeben im Juli und August 2018 kosteten über 500 Menschen das Leben und richteten großen Schaden an. Von den Gili-Inseln und dem Rinjani mussten Tausende Touristen evakuiert werden.

Lombok

Highlights

1. Taman Nasional Gunung Rinjani
2. Gili-Inseln
3. Mataram

Sehenswürdigkeiten

4. Lembar
5. Narmada
6. Senggigi
7. Tanjung
8. Segenter
9. Sembalun
10. Bayan-Beleq-Moschee
11. Sapit
12. Senaru
13. Labuhan Lombok
14. Pringgasela
15. Tetebatu
16. Rembitan und Sade
17. Gerupuk
18. Sukarara
19. Penujak
20. Kuta
21. Tanjung Aan Beach
22. Mawun Beach
23. Bangko Bangko
24. Selong Blanak
25. Tanjung Luar
26. Banyumulek
27. Südwestliche Gili-Inseln

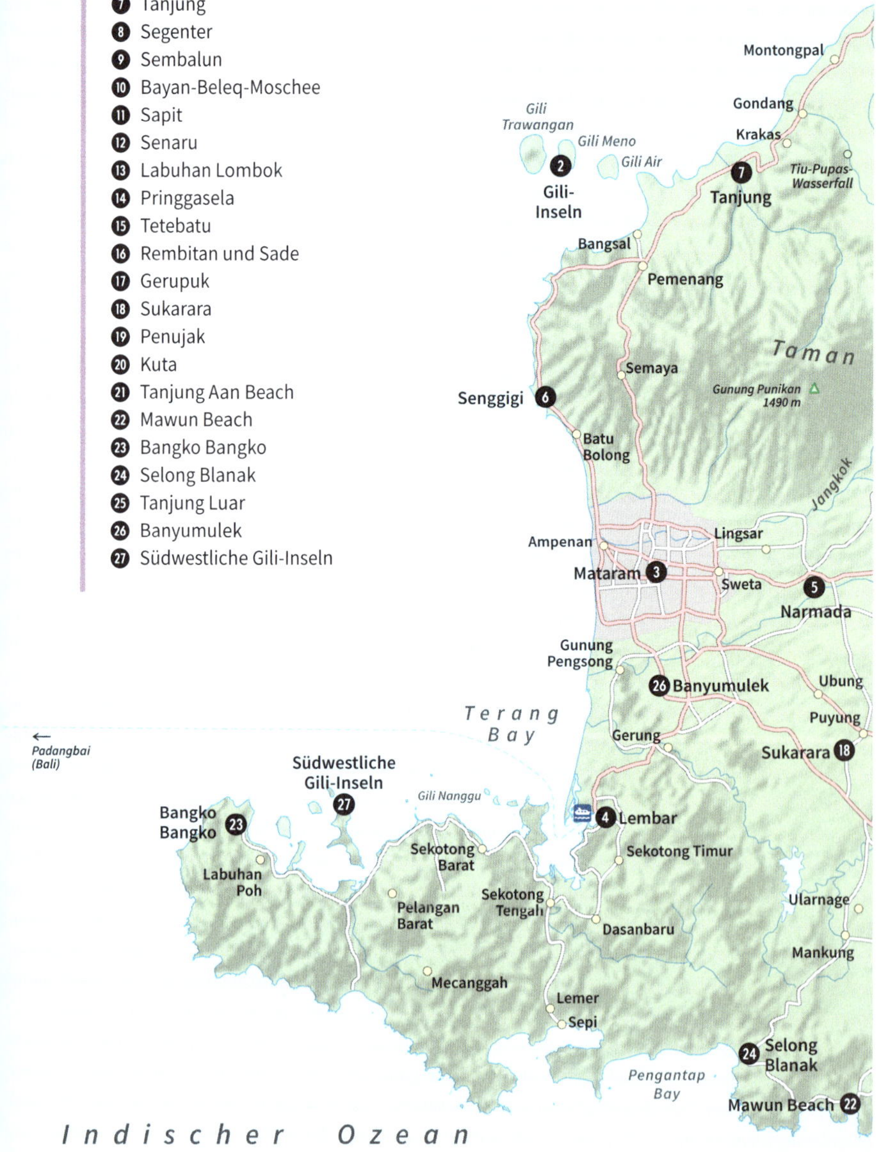

Indischer Ozean
Lombok
Balisee
Gili Lawang
Gili Sulat
Sukadana
Segenter 8
Kayangan
Bayan-Beleq-Moschee 10
Putih
Beburung
Pedamekan
Dasansantong
Belanting
Tiuteja-Wasserfall
12 Senaru
Sendanggile-Wasserfall
Sajang
Bawaknaw
Lendangbatu
9 Sembalun
Gubukrempung
Gunung Senkereang Jaya 2902 m
Danau Segara Anak
Gunung Rinjani 3726 m
Maroak
Taman Nasional Gunung Rinjani 1
Gunung Nangi 2330 m
Nasional Gunung Rinjani
Gubuktambak
Menangabaris
Pesugulan
11 Sapit
13 Labuhan Lombok
Otakgawar
Jeruk-Manis-Wasserfall
Suwela
Tetebatu 15
Pringgabaya
LOMBOK
Pringgasela 14
Aikmel
Mantang
Loyok
Masbagik
Kopang
Montongbaan
Selong
Alas-Straße
Penden
Sakra
Praya
Gunungrajak
Labuhan Haji
Bendungan Batujat
Batunyale
Palung
19 Penujak
Beleka
Sepit
Orokorok
Ganti
25 Tanjung Luar
Lombok International Airport
Mujur
Tangun
Sengkol
Pengembur
Pemokong
16 Rembitan und Sade
Batu Nampar
Ekas Bay
Tanjung Aan Beach
Pengorosdalam
Tanjung Ringgit
20 Kuta
21
17 Gerupuk
0 Kilometer 10
N

1

Taman Nasional Gunung Rinjani

C4 · nach Anyar, dann *bemo* nach Senaru; nach Aikmel, dann *bemo* nach Sembalun · Mataram
ganzjährig · rinjaninationalpark.com

Mit seinen 3726 Metern überragt der Vulkan Gunung Rinjani die Landschaft von Lombok und spielt eine wichtige Rolle in Religion und Folklore sowohl der Hindus als auch der Sasaks auf der Insel.

Der Berg und seine Trabanten formen den Taman Nasional Gunung Rinjani, Magnet für erfahrene Wanderer und Naturliebhaber. Die Haupteintrittspunkte zum Park erreicht man über die Dörfer Senaru und Sembalun. In der riesigen Caldera des Gunung Rinjani befinden sich der eindrucksvolle Kratersee Segara Anak, die heißen Quellen von Aik Kalak und der kleine aktive Kegel des Gunung Baru. Für Hindus und Sasaks ist der Berg (der zweithöchste Vulkan in Indonesien nach dem Kerinci auf Sumatra) heilig. Sie pilgern zum Gipfel und zum See und bringen den Göttern und den Geistern Opfergaben dar.

↑ *Das Dorf Sembalun liegt in einem Tal, über dem der Gunung Rinjani aufragt*

Expertentipp
Trekking

Führer sind obligatorisch. Der einfachste und sicherste Weg, eine Wanderung zu organisieren, ist über eine Trekking-Agentur in Mataram, Senggigi oder Senaru. Normalerweise dauert ein Trek zum Kraterrand des Gunung Rinjani zwei Tage. Der längere und anstrengendere Weg zum Gipfel nimmt drei bis vier Tage in Anspruch. Juni bis August ist die beste Zeit. Nehmen Sie warme Kleidung mit, es kann in höheren Lagen sehr kalt werden.

← *Im Park sieht man auch den Schwarznackenpirol mit gelb-schwarzem Gefieder*

Highlight

↑ *Der Gunung Baru im Segara-Anak-See und Wanderer auf dem Weg zum Gipfel des Bergs Rinjani von Sembalun* (Detail)

2

Gili-Inseln

AB4 von Senggigi und Mataram nach Bangsal
von Bangsal oder von Benoa Harbour, Sanur und Amed in Bali
Mataram; +62 370 637 828

Die drei kleinen Gili-Inseln vor der Nordwestküste von Lombok warten mit einer spektakulären Natur auf und gehören zu den beliebtesten Touristendestinationen. Die Gewässer rund um die Inseln haben ein reiches, tropisches Meeresleben, die Sicht unter Wasser ist das ganze Jahr über sehr gut.

Diese idyllischen Inseln wurden in den 1980er Jahren von Rucksacktouristen »entdeckt«, die sich in das kristallklare Wasser, das bunte und vielfältige Meeresleben und die weißen Sandstrände verliebten. Bald entstanden einfache Bungalows mit Stromgeneratoren für Reisende, die Bali abseits der ausgetretenen Pfade entdecken wollten. Seitdem 2005 eine direkte Schnellbootverbindung eingerichtet wurde, die die Reisezeit von Bali um über die Hälfte verkürzt, nimmt die Popularität der Inseln stetig zu. Im Zuge dessen entstanden schicke Hotels, Restaurants und Tauchcenter.

Die Erdbeben auf Lombok im Juli und August 2018 trafen auch die Gili-Inseln. Es wurden viele Gebäude zerstört, der Tourismus kam zeitweise zum Stillstand. Hotels, Restaurants und Tauchzentren wurden jedoch schnell wiederaufgebaut, und man kann die Gili-Inseln wieder unter normalen Bedingungen besuchen. Motorisierte Transportmittel sind auf allen drei Inseln verboten. Man kommt mit sogenannten *cidomos*, Pferdekutschen, oder Fahrrädern, die man stunden- oder tageweise leihen kann, von A nach B.

↑ *Orange und weiß gestreifte Clownfische in den Gewässern der Gili-Inseln*

Highlight

← *Luftansicht auf die Küstenlinie von Gili Air und Sonnenaufgang hinter dem Rinjani* (Detail)

Schöne Aussicht
Mandarinfisch

Wenn Sie bei Sonnenuntergang in Gili Air Harbour tauchen, können Sie mit etwas Glück den seltenen und faszinierenden Mandarinfisch mit seinen leuchtenden Farben sehen.

Gili Air

Gili Air ist die dem Lombok-Festland am nächsten gelegene und am einfachsten zu erreichende der drei Gili-Inseln. Auch wenn die Bars hier nicht so laut sind wie auf Gili Trawangan, gibt es genügend Möglichkeiten, Spaß zu haben. Die meisten touristischen Einrichtungen findet man an der Ostküste, gegenüber von Lombok und dem Gunung Rinjani. Hier kann man spektakuläre Sonnenaufgänge beobachten. Von der Süd- und Westküste kann man die Sonnenuntergänge hinter dem Gunung Agung auf Bali bewundern.

Die besten Strände mit türkisfarbenem Wasser und weißem Sand befinden sich an der Süd- und Ostseite. Es gibt viele Tauchplätze. Vor allem vor den Stränden im Osten und Nordosten kann man auch hervorragend schnorcheln. Gili Air Wall vor der Westküste ist ein beliebter Tauchplatz mit Korallen, die in der Sonne gelb und orange glitzern. Hier begegnet man Skorpionfischen und vielen Glasbarschen, Schildkröten und Zwergseepferdchen, die sich im Seegras verstecken. In tieferen Gewässern trifft man auf Weißspitzen-Riffhaie und Schulen größerer Fische. Hahn's Reef ist ideal für Tauchanfänger. Vor der Südküste gibt es gute Wellen.

↑ *Typisches traditionelles Holzhaus in einem Dorf auf Gili Air*

Gili Trawangan

Gili Trawangan, die vom Festland am weitesten entfernte und größte der drei Gili-Inseln, kann man trotzdem gut in eineinhalb Stunden zu Fuß umrunden. Gili Trawangan ist zwar als Partyinsel bekannt, hat aber alle möglichen Attraktionen, um ein breites Spektrum an Besuchern zufriedenzustellen. Jenseits der vielen Restaurants und Bars, die die Küste mit ihren weißen Sandstränden säumen, findet man immer noch ruhige, unberührte Strände, vor allem an der Nord- und Westküste, und Dörfer, in denen die Menschen ihrem authentischen, traditionellen Alltag nachgehen. Hinter dem Glitzer und Glamour zeigt sich immer noch die ursprüngliche Boheme-Atmosphäre.

Neben einer Vielzahl an Zimmern für Rucksackreisende gibt es auch viele luxuriöse Boutiquebungalows, Hotels, Resorts und Villen mit eigenem Pool. Alle sind so gebaut worden, dass sie sich harmonisch in die Natur der Insel einpassen. Es gibt keine Hochhaushotels und auch keine Bustouren oder Fast-Food-Lokale, aber viele Tauchzentren, die den Besuchern gern dabei helfen, die fantastischen Korallenriffe rund um die Insel zu erkunden.

Gili Trawangan bietet die größte Auswahl an Aktivitäten, darunter hervorragende Spa-Einrichtungen, Pferdeställe, die Ausritte anbieten, Kajak-Mietstationen und das nach eigenen Aussagen kleinste öffentliche Kino der Welt, in dem man auf Kissen liegend die neuesten Filme ansehen kann. Vor der Küste lässt sich gut schnorcheln. Manchmal sind die Strömungen ziemlich stark, vor allem in der Straße zur benachbarten Insel Gili Meno. Etwas weiter draußen liegen riesige Korallenbänke, die als beste Tauchgebiete in Lombok gelten, vor allem Shark Point im Osten der Insel mit einer Vielzahl an Fischen, Weißspitzen-Riffhaien sowie Grünen Meeresschildkröten und Echten Karettschildkröten ist ein beliebter Tauchplatz. Der Hügel im Süden der Insel ist ideal, um Sonnenunter- und -aufgänge zu beobachten.

↑ *Strandhütte auf der paradiesischen Tropeninsel Gili Trawangan*

Expertentipp
Schnorcheln

Masken, Schnorchel und Flossen kann man einfach ausleihen. Mit Gummischuhen kommt man leichter ins Wasser. Achten Sie auf Strömungen, sonst müssen Sie zurückgehen. Auf Gili Trawangan kann man auch an Schnorchelausflügen auf Glasbodenbooten teilnehmen. Beim Schnorcheln sieht man mit etwas Glück auch Grüne Meeres- und Karettschildkröten.

→ *Radfahrer auf gemieteten Rädern im Palmenwald auf Gili Meno, der kleinsten der Gili-Inseln*

Meeresleben der Gili-Inseln

Taucher, die Haie beobachten möchten, sind auf den Gili-Inseln richtig. In den Gewässern begegnet man häufig Riffhaien, die für Menschen keine Gefahr darstellen. Die Korallenbänke sind schön, trotz der durch die Dynamitfischerei entstandenen Schäden. Im Meer rund um die Gili-Inseln leben über 3500 Arten Meerestiere (das Great Barrier Reef hat nur 1500). In diesen Gewässern findet man den orange-weiß gestreiften Clownfisch (Anemonenfisch), den leuchtend bunten Papageifisch und den Halfterfisch, ebenso die bedrohten Grünen und Karettschildkröten.

Gili Meno

Gili Meno in der Mitte der drei Inseln ist die kleinste der Gili-Inseln. Hier leben auch die wenigsten Menschen, insgesamt nur ein paar 100. Gili Meno ist nicht so entwickelt wie Gili Trawangan oder Gili Air, hier geht es um einiges beschaulicher zu. Die Landschaft ist flach mit Kokosnusshainen im Inland und einem kleinen, flachen Salzwassersee im Westen, aus dem die Einheimischen in der Trockenzeit ihr Salz »ernten«. Hauptaktivitäten für Besucher sind Yoga, Schnorcheln und Tauchen. Gili Meno Wall vor der Westküste ist ein beliebter Tauchspot mit gewaltigen Riesenfächergorgonien und einem bunten marinen Leben. In den Gewässern rund um Gili Meno, vor allem in der nordwestlichen Ecke, leben Grüne Meeresschildkröten und Echte Karettschildkröten. Vor allem in der nordwestlichen Ecke und an den Riffen vor der Küste sieht man fantastische Blaue Korallen. Der beste Schnorchelplatz ist am Blue Coral Point vor der nordwestlichen Küste mit vielen bunten Fischen. Bei Nacht sehen Taucher riesige Muränen, Spanische Tänzerinnen und viele Krustentiere.

Bei Meno werden Schildkröten »aufgezogen«. Besucher können dabei zusehen, wie sie in die Wildnis entlassen werden. Spenden sind willkommen.

3

Mataram

B5 Sweta Department of Tourism, Art & Culture, Jalan Singosari 2; +62 370 632 723 oder +62 370 634 800 Peresean (Stockkampf; Aug)

Lomboks Hauptstadt besteht eigentlich aus drei Städten – Mataram, Ampenan und Cakranegara gehen nahtlos ineinander über. Charakteristisch sind Parks und baumbestandene Alleen mit Gebäuden im traditionellen Sasak-Stil.

Die großen weißen Häuser mit hohen Dächern stammen noch aus der holländischen Kolonialzeit. Ampenan im Westen war zu jener Zeit Lomboks Haupthafen und für den Gewürzhandel von Bedeutung. In den alten gewundenen Straßen locken viele Läden und Restaurants. Einige Gebäude zeigen auch den Einfluss von Art déco. Nachts verkaufen Essensstände und *warungs* günstige Gerichte. In Ampenan gibt es auch ein buntes arabisches Viertel. Im Osten von Ampenan liegt Mataram, Lomboks Verwaltungszentrum mit Regierungsgebäuden, Moscheen und der Universität. Cakranegara im Osten war bis vor 100 Jahren königliche Residenz, heute ist es ein Handels- und Shoppingzentrum mit vielen Läden.

↑ *Die drei eleganten mehrstufigen Schreine im Pura Meru*

①

Museum Negeri Nusa Tenggara Barat

Jalan Panji Tilar Negara 6 +62 370 632 159 tägl. 8–15 (Fr bis 11) Feiertage

Das Museum zeigt Textilien und Keramikwaren, Kupferarbeiten und Holzschnitzereien. Zudem erfährt man viel über Natur und Geschichte der Inseln von West Nusa Tenggara sowie über die hier lebenden Ethnien.

②

Pura Meru

Jalan Selaparang, Cakranegara tägl.

Mit den mehrstöckigen *Meru*-Schreinen, die die Hindu-Dreiheit repräsentieren, ist der Pura Meru der größte Hindu-Tempelkomplex aus Lombok. Gebaut wurde er Anfang des 18. Jahrhunderts und besteht aus einem inneren Hof mit vielen kleinen Schreinen. Der zentrale, elfstöckige *Meru*-Schrein ist Shiva geweiht, der neunstöckige Vishnu und der siebenstöckige Brahma.

③

Mayura-Wasserpalast

Jalan Selaparang, Cakranegara +62 370 624 442 tägl.

Der Komplex wurde 1844 unter der balinesischen Karangasem-Dynastie errichtet.

Hier steht auch der ehemalige Familientempel. In der Mitte liegt ein See, den ein Park mit Schreinen umgibt.

Shopping

Pasar Mandalika
Auf dem Markt finden Sie Obst, Gemüse und Gewürze, aber auch Körbe, Textilien und Bambusprodukte.

Jalan Sandubaya 86, Bertais

Lombok Pottery Centre
In dem Kunsthandwerkskomplex wird eine große Vielfalt an handgemachten Keramikwaren verkauft.

Jalan Sriwijaya 111A, Mataram
lombokpotterycentre.wordpress.com

Highlight

↑ *Blick über die Dächer und die Moschee der Stadt Mataram*

④
Pura Lingsar

⌂ **bei Jalan Gora II**
◷ **tägl. 7–18**

Etwa sechs Kilometer nordöstlich von Mataram steht im Dorf Lingsar der große Tempelkomplex Pura Lingsar (1714) zwischen schönen Reisfeldern. Auf dem multikonfessionellen Gelände befindet sich ein Tempel für balinesische Hindus (Pura Gaduh) und einer für Wetu-Telu-Muslime. Der Wetu-Telu-Tempel ist bekannt für seinen Seerosenteich und die heiligen Aale, die man mit harten Eiern anlocken kann. Die Aale zu füttern gilt als Glück verheißendes Zeichen, an Ständen kann man Eier kaufen. Der Eintritt ist frei, eine Spende willkommen.

Wetu Telu

In Teilen der Insel gehen die Sasak einer Form des Islam, genannt Wetu Telu, nach, die islamische mit regionalen vorislamischen und hinduistisch-buddhistischen Elementen mischt. Im Mittelpunkt dieser mystischen Religion steht das physische Konzept der heiligen Dreieinigkeit: Sonne, Mond und Sterne repräsentieren Himmel, Erde und Wasser; Kopf, Körper und Glieder Kreativität, Sensitivität und Kontrolle. Anders als andere Muslime beten Anhänger von Wetu Telu (übersetzt »dreimal«) dreimal statt fünfmal am Tag, sie fasten nicht den ganzen Ramadan und dürfen Alkohol trinken. Eine weitere, orthodoxere Islam-Form auf Lombok ist Wetu Lima (übersetzt »fünfmal«). Unter Suharto waren diese einheimischen Glaubensrichtungen nicht gern gesehen. Heute werden sie vor allem im nördlichen Bayan praktiziert.

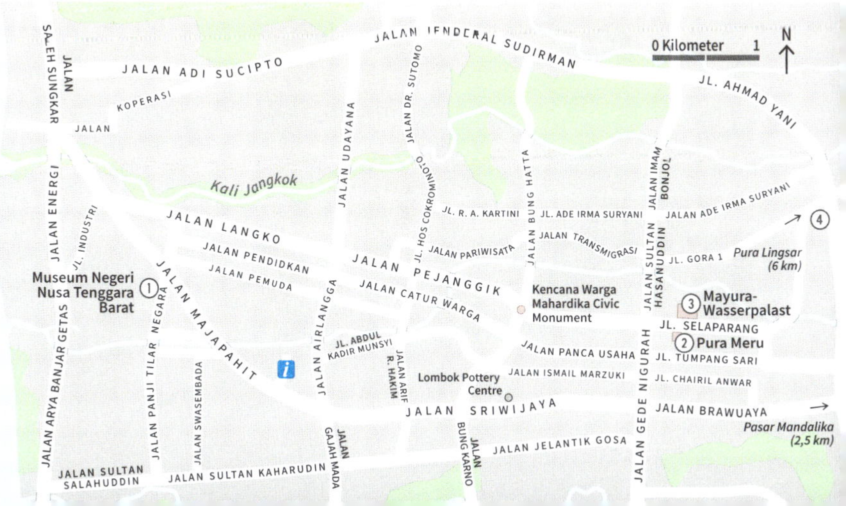

SEHENSWÜRDIGKEITEN

4 Lembar

A5 · von Padang Bai und Benoa Harbour · im Fährterminal

Lomboks Haupthafen in einer von Hügeln umgebenen Bucht ist für Autofähren und Tragflächenboote aus Bali das Tor zur Insel. Händler und Reisende tummeln sich am Fährableger. Es herrscht lebhaftes Handeln um Preise für Plätze in überladenen Bussen und Lastwagen, die auf Lombok unterwegs sind. Hier gibt es ein kleines Informationsbüro, einige Telefone und ein paar Imbissstände. An den Docks werden schöne Bugis-Boote und kleine Dampfer be- und entladen.

Umgebung: Die Straßen rund um Lembar führen durch grüne, ländliche Gebiete. Die Küstenstraße, die entlang der Halbinsel nach Sekotong, etwa zehn Kilometer südlich, verläuft, bietet eine gute Aussicht auf die Bucht und die *bagan*, Fischereiplattformen. Die Fischer legen riesige Netze aus, in die sie mit Laternen Fische locken. Von hier bringen Boote Besucher zu den Inseln Gili Gede und Gili Nanggu.

5 Narmada

B5 · Mataram; +62 370 632 723 oder +62 370 634 800 · tägl.

Narmada wurde 1805 gebaut und war ursprünglich der Sommerpalast eines Rajas (Königs). In den Gärten sind ein Tempel und ein Teich, der den Kratersee des Gunung Rinjani darstellen soll. Lotosteiche und Terrassengärten erinnern an die einstige Pracht.

6 Senggigi

A5 · von Lembar und Mataram · Mataram; +62 370 632 723 oder +62 370 634 800

Senggigi war früher Lomboks beliebtester Urlaubsort, heute fahren die meisten Touristen auf die Gili-Inseln. Senggigi ist zwar weniger touristisch als Kuta auf Bali, bietet aber dennoch viele Unterkünfte, Restaurants und Unterhaltungsmöglichkeiten.

Senggigi Beach besteht aus zwei Buchten, die durch einen Vorsprung von weißen

↑ *Der Tempel Miru auf dem Gelände von Narmada*

Restaurants

Remajah Indah 2

Das Restaurant in Lembar serviert superfrische Meeresfrüchte. Die würzigen Garnelen und Krabben sind die Publikumslieblinge.

A5 · Jalan Raya Lembar Serumbung 8, Lembar · +62 819 1721 0212

$$

Square Restaurant

In dem gehobenen Restaurant gibt es europäische und lokale Gerichte, darunter Currys, Satays und westliche Klassiker.

A5 · Jalan Raya Senggigi km 8, Senggigi Square, Blok B-10, Senggigi · squarelombok.com

RpRpRp

Café Alberto

Das schicke Restaurant bietet perfekt zubereitete italienische und indonesische Gerichte auf einer Terrasse unter freiem Himmel zwischen Swimmingpool und Strand.

A5 · Jalan Raya Senggigi, Batu Bolong · cafealberto.com

RpRp

Sonnenuntergang am Batu Bolong Beach mit dem kleinen Tempel südlich von Senggigi ↑

Korallenbänken geteilt sind. Das heute als Senggigi bekannte Gebiet ist ein sechs Kilometer langer Küstenstreifen mit Straßen und Stränden mit Restaurants und kleinen Cafés.

Von der Küstenstraße aus hat man einen herrlichen Blick – auch übers Meer nach Bali. Das Schwimmen am Strand ist sicher. Die Wellen für weniger erfahrene Surfer rollen rechts und links vom Riff ab. Auch bei Windsurfern ist Senggigi sehr beliebt.

Am Riff existiert eine vielfältige Meeresflora und -fauna mit schönen Korallen – ideal für einen entspannten Schnorchelausflug.

Umgebung: Auf dem schwarzen Felsen, der bei Batu Bolong, drei Kilometer von Senggigi, ins Meer ragt, steht ein Tempelschrein. Die tiefroten Sonnenuntergänge sind wunderschön.

Das große Dorf Tanjung ist von einer üppig grünen Landschaft mit Kokoshainen, pittoresken Reisfeldern und Gemüsegärten umgeben.

7 Tanjung

B4 · von Mataram
Mataram; +62 370 632 723 oder +62 370 634 800

Tanjung lebt von Fischerei und Landwirtschaft. Das große Dorf liegt an der Straße, die nach Norden in Richtung des Gunung Rinjani führt. Es ist von Kokoshainen, Reisfeldern und Gemüsegärten umgeben. In den Flussniederungen wächst *kangkung* (ein blattreiches Gemüse ähnlich der Brunnenkresse), das man auf Lombok häufig entdeckt. Zweimal in der Woche findet ein Viehmarkt statt.

Umgebung: An der Straße nach Norden liegt ein schwarzer Sandstrand, das Gebiet wird deutlich trockener. Das Fischerdorf Krakas, vier Kilometer von Tanjung, ist für sein kühles Quellwasser berühmt. Die Quelle liegt etwa 400 Meter vor der Küste in zehn Meter Tiefe. Etwas weiter nördlich, vorbei am Städtchen Gondang, stößt man auf den Tiu-Pupas-Wasserfall und sieben Höhlen.

8 Segenter

B4 · von Mataram
Mataram; +62 370 632 723 oder +62 370 634 800

Segenter ist ein typisches Sasak-Dorf. Die Siedlung besteht aus traditionellen Behausungen aus Bambus und Schilfrohr. Dazwischen befinden sich *berugak* – strohgedeckte Bauten, die über dem Boden stehen. Hier werden normalerweise Gäste empfangen. Am späten Vormittag werden Sie viele Dorfbewohner sehen, die sich in ihren *berugak* ausruhen.

Die Bewohner produzieren den Großteil der Grundnahrungsmittel für den täglichen Bedarf und bauen Baumwolle, Reis und Tabak an, um sie auf dem Markt zu verkaufen. Besuchen Sie das Dorf, um mehr über die Sasak-Kultur zu erfahren.

Schon gewusst?

Sembalun ist eine traditionelle Webergemeinde, bekannt für wunderschöne Tuchwaren.

9 Sembalun

C4 von Mataram und Tanjung Mataram; +62 370 632 723 oder +62 370 634 800

Sembalun mit seinen Holzhäusern ist von Bergen umgeben. Besucher sind hier selten, man findet jedoch ein paar einfache Unterkünfte. Es herrscht ein angenehmes Gefühl der Abgeschiedenheit. Die Luft ist frisch und kann nachts recht kühl werden. Die Gegend ist ideal für Spaziergänge. Haupteinnahmequelle ist der Schalottenanbau, daher durchzieht ein scharfer, aber nicht unangenehmer Duft das Tal.

Von hier wirkt der Gunung Rinjani sehr imposant. Sembalun ist der Startpunkt einer direkteren Kletterroute zum Rinjani als von Senaru aus, allerdings sind die Einrichtungen hier nicht so gut.

Die Straße östlich nach Sapit führt über einen der höchsten Bergpässe Indonesiens mit tollem Blick.

10 Bayan-Beleq-Moschee

C4 Beleq, Karang Bajo, Bayan

Die älteste Moschee auf Lombok, ein Gebäude in der Nähe des Dorfs Beleq, wurde 1634 von Syeh Gaus Abdul Razak gegründet. Das Dach aus Lontarpalmenfasern ist dekoriert mit einer hölzernen Krone. Die Bambuswände stehen auf einer Steinmauer. Die Naturmaterialien müssen alle sechs Jahre erneuert werden. Das *meru*-förmige Dach zeigt den javanischen, hinduistischen Einfluss, der dem Islam vorausging. Neben der Moschee liegen die Gräber einiger früher Anhänger des Wetu Telu. Die Moschee wird nur dreimal im Jahr für Zeremonien genutzt. Besucher, die zu anderen Zeiten die Moschee besuchen wollen, müssen mit dem Verwalter sprechen.

11 Sapit

C4 von Sweta Mataram; +62 370 632 723 oder +62 370 634 800

Sapit liegt an den östlichen Hängen des Gunung Rinjani etwa 800 Meter ü. d. M. Es ist ein erfrischend kühler Bergort mit eindrucksvollen Ausblicken über Ostlombok und übers Meer auf Sumbawa. Die niedrigeren Hänge des Rinjani um Sapit sind bedeckt mit smaragdgrünen Reisterrassen und Tabakplantagen.

Das Dorf Sapit ist recht einfach, doch die Gärten und Blumenbeete hinterlassen einen hübschen Eindruck. Es gibt auch einige preiswerte und saubere Pensionen.

12 Senaru

C4 von Sweta und Tanjung Mataram; +62 370 632 723 oder +62 370 634 800

Senaru liegt auf über 400 Meter Höhe am Fuß des Gunung Rinjani. Von hier aus hat man eine perfekte Sicht auf den Vulkan im Süden und das Meer im Westen.

Das einst abgelegene Bergdorf mit seinen traditionellen Häusern wurde lange Zeit von den Städtern nicht wahrgenommen – bis man es als willkommene Wochenendzuflucht vor der Hitze an der Küste entdeckte. Senaru bietet Besuchern viele Pensionen und Restaurants. Es ist

→

Der beeindruckende Wasserfall Tiu Kelep außerhalb von Senaru

ein idealer Ausgangspunkt für Wanderungen und Bergtouren. Eine Wanderung durch den beeindruckenden Taman Nasional Gunung Rinjani und auf den Vulkan lässt sich hier gut vorbereiten. Man kann u. a. Campingausrüstung, Zelte und Schlafsäcke mieten und Proviant einkaufen. Träger und Führer können ebenfalls engagiert werden.

Umgebung: Eine 30-minütige Wanderung von Senaru aus nach Westen führt zum 40 Meter hohen Sendanggile-Wasserfall, wo große Wassermengen von einem der höchsten Gipfel Südostasiens herabdonnern. Hier kann man im wohl saubersten Wasser Indonesiens waten. Ein kurzes Stück bergauf befindet sich der Tiu-Kelep-Wasserfall mit einem Naturbecken zum Schwimmen.

Ein anderer halbstündiger Weg führt von Senaru nach Bayan und seinen strohgedeckten Hütten – einem der wenigen erhaltenen Wetu-Telu-Dörfer, das sich trotz des zunehmenden Fremdenverkehrs seine ursprüngliche Tradition erhalten konnte. Die Frauen tragen traditionelle Sarongs und schwarze Hemden bei der Arbeit am Webstuhl und während der muslimischen Zeremonien. Die zu beobachtenden religiösen Praktiken enthalten sowohl balinesische als auch hinduistische Elemente.

←

Wanderer besteigen den Gunung Rinjani im Nationalpark bei Sembalun

⑬

Labuhan Lombok

C5 von Mataram von Mataram und Sumbawa im Fährterminal

Die Bucht bei Labuhan Lombok formt einen natürlichen Hafen. Von hier hat man einen guten Blick auf den Gunung Rinjani. Eine Straße verläuft parallel zur Küste. Zwischen ihr und dem Wasser liegen die Pfahlhäuser-Siedlungen der Bugis-Fischer. Bunt bemalte Trawler sind in der Nähe vertäut. Die Vorfahren der Gemeinde kamen aus Südsulawesi. Auf dem sonntäglichen Markt findet man viele Erzeugnisse und Waren für den täglichen Bedarf.

Zwei Kilometer entfernt, an einem Ende der Bucht, befindet sich der Ableger für Fähren nach Sumbawa, der nächsten der Kleinen Sunda-Inseln.

Restaurant

Rinjani Lodge Restaurant

Gäste genießen in dem rustikalen Lokal den Blick auf die Berge aus gemütlichen Sitzsäcken. Auf der Karte stehen lokale und internationale Gerichte. Zu den Highlights gehören *gado-gado*, cremige Pasta, Cashewnuss-Hühnchen und Schokoladen-Lava-Kuchen.

C4 Jalan Pariwisata, Senaru rinjanilodge.com/restaurant

Rp Rp Rp

14

Pringgasela

C5 von Sweta und Labuhan Lombok Mataram; +62 370 632 723 oder +62 370 634 800

An den kühlen Ausläufern des Gunung Rinjani liegt das ruhige, schattige Dorf Pringgasela. Viele Bewohner sind Weber. Sie freuen sich, wenn man ihnen bei der Arbeit zusieht. An vielen Häusern hängen die bunten Textilien zum Verkauf aus. Die Muster und die Farben, viel Schwarz und Rot, sind charakteristisch für Lombok.

In den Hügeln südlich von Pringgasela liegt ein weiteres Handwerkszentrum, Loyok, das Waren aus Korb, Bambus und Palmblättern anbietet. Die Straße von Loyok verläuft entlang eines reißenden Flusses.

15

Tetebatu

C5 von Mataram Mataram; +62 370 632 723 oder +62 370 634 800

Das bescheidene Bergdorf Tetebatu mit Sicht auf den Gunung Rinjani ist ein guter Ort zum Entspannen. In einem Gebiet, das sich über drei Kilometer bergauf erstreckt, liegen ein paar Pensionen zwischen den Reisfeldern.

In der frischen Bergluft kann man schön spazieren gehen, vorbei an Tabakplantagen. Ein Wanderweg führt zu einem kleinen Fluss, in den der Jeruk-Manis-Wasserfall rauscht – der Weg ist mühsam, aber von Kindern ab zehn Jahren zu bewältigen. Weitere Wege führen zu abgelegenen Dörfern und einem von Affen bewohnten Wald. Es empfiehlt sich, für Wanderungen im Dorf einen Führer anzuheuern.

16

Rembitan und Sade

B6 Mataram; +62 370 632 723 oder +62 370 634 800

Die Bauerndörfer Rembitan und Sade sind etwa drei Kilometer voneinander entfernt und liegen schön an einem Hügel. Trotz der vielen Besucher, die hier haltmachen, sind beide Dörfer ideal, um einen Einblick in das Alltagsleben der Sasak zu erhalten. Ihren Lebensunterhalt bestreiten sie mit Textilweberei, Reisanbau, Ziegen- und Rinderzucht. Charakteristisch für die Dörfer sind die *lumbung*, kappenförmige Reisscheunen. Einst waren sie ein Symbol für Lombok, heutzutage sieht man sie nur noch selten. Die Wände der strohgedeckten Scheunen und Häuser sind aus Bambus oder Palmblattrippen.

17

Gerupuk

B6 Mataram; +62 370 632 723 oder +62 370 634 800

Gerupuk liegt am Rand einer langen Bucht. Die meisten Dorfbewohner leben in einfachen roten Hütten, es gibt auch eine Moschee in der

Gerupuk ist eines der beliebtesten Surfgebiete Südlomboks. In der Bucht baut sich die Brandung auf, bricht sich an den Korallenriffen und erzeugt ausgezeichnete Breaks.

Textilien auf Lombok

Hochwertige Textilien werden auf Lombok mit traditionellen Handwebstühlen hergestellt. Auf Textilweberei spezialisiert sind die Dörfer Sukarara, Pringgasela, Rembitan und Sade. Um Mataram wird in größerem Stil produziert. In den Dörfern kann man den ganzen Herstellungsprozess verfolgen, vom Kochen der Rinden und Wurzeln zum Färben über das Einweichen der Baumwollfäden bis zum Weben der Muster auf dem handbetriebenen Webstuhl. Die Dorfbewohner benutzen ausschließlich natürliche Farbstoffe. Gelb wird aus dem Extrakt der Kurkumawurzel gewonnen, Blau aus der Indigopflanze. Wurzeln und Rinde werden zerstampft und gekocht. Die Fäden werden 24 Stunden lang eingeweicht, getrocknet und auf dem Webstuhl je nach Vorgabe des Musters angeordnet.

Dorfmitte. Die Haupteinnahmequelle des Dorfs ist, abgesehen von der Fischerei, der Algenanbau. Die Algen, die als Nahrungszusatz im Futter für Nutztiere dienen, wachsen in Bambuskörben in den Küstengewässern. Nachdem sie geerntet sind, werden sie bündelweise zum Trocknen an den Straßenrand gelegt.

Gerupuk ist eines der beliebtesten Surfgebiete Südlomboks. In der Bucht baut sich die Brandung aus dem Indischen Ozean auf, bricht sich an den Korallenriffen und erzeugt ausgezeichnete Breaks. Surfer mieten sich Boote für die kurze Fahrt zum Riff. Sie bietet atemberaubende Blicke auf die Klippen und Felsspitzen. Die Boote ankern vor dem Riff und warten auf die Rückkehr der Surfer. Die Wellen hier sind um einiges angenehmer als in anderen Buchten dieser Küste, wo die See oft rau sein kann, und verzeihen auch kleine Fehler. Sie brechen sich an Korallen, die tief genug liegen, um den Wellenreitern keine Sorge zu bereiten, anders als die seichten Riffe und steilen Startpunkte von Maui bei Selong Belanak im Westen. Auch wenn die Meeresströmung gewöhnlich nach rechts driftet, kann sie doch hin und wieder ihre Richtung ändern.

Die beste Zeit zum Surfen ist frühmorgens vor 9 Uhr, ehe der Wind aufkommt. Doch auch später, wenn Seitenwinde von der Küste wehen, sind die Wellen gut.

Die Surfer, die man hier antrifft, kommen aus der ganzen Welt und bilden eine internationale Gemeinschaft.

← *Ein Meer grüner Reisfelder und Kokosnussbäume im Dorf Tetebatu*

18

Sukarara

B5 von Sweta
Mataram; +62 370 632 723 oder +62 370 634 800

Viele Einwohner Sukararas verdienen ihren Lebensunterhalt mit dem Weben von *Songket*-Textilien *(siehe S. 136)*. Doch mittlerweile boomt auch hier der Fremdenverkehr. Zahlreiche Läden bieten Stoffe aus der Region an. Die schwarz gekleideten Frauen zeigen ihre Fertigkeiten am Webstuhl und posieren gern für ein Foto.

19

Penujak

B5 von Sweta
Mataram; +62 370 632 723 oder +62 370 634 800

Neben Banyumulek *(siehe S. 189)* und Masbagik gehört Penujak zu Lomboks Töpferdörfern – ideal, um die Herstellung zu verfolgen. Die Bewohner erläutern gern ihre Arbeit. Traditionell stellen Frauen die Keramik her, die Männer verkaufen sie dann. Da der Export gut läuft, töpfern nun auch Männer. Jedes Dorf hat eigene Muster und Farben, alle sind jedoch in den drei Dörfern erhältlich.

↑ *Eine Dorfbewohnerin fertigt ein traditionelles Gefäß, Penujak*

Restaurants

Horizon at Ashtari
Das Horizon at Ashtari auf einem Hügel, ein Wahrzeichen Lomboks, bietet einen fantastischen Blick und mediterrane Gerichte.

B6 Jalan Mawun Prabu, Kuta

RpRpRp

KRNK
Saftige Burger, tolle Cocktails, Pizzas und gute Musik: Das KRNK ist ein Ort, an dem sich zwanglose Abendessen in rauschende Partys verwandeln.

B6 Jalan Raya Kuta 5a, Kuta
krnk-lombok.com

RpRpRp

Warung Flora
Das freundliche Lokal in einer Bambushütte ist auf frisch gefangenen Fisch spezialisiert. Daneben gibt es auch noch andere lokale Gerichte.

B6 Jalan Raya Kuta Lombok, Lombok, Kuta
warung-flora.business.site

RpRpRp

Bush Radio
Das in einem alten Lagerhaus untergebrachte Bistro im Industriestil serviert selbst gebackenes Sauerteigbrot, leckere Salate und Pizzas, dazu Smoothies und frische Säfte.

B6 Jalan Raya Kuta, Kuta
+62 823 3987 4778

RpRpRp

20 Kuta

B6 von Sweta
Mataram; +62 370 632 723 oder +62 370 634 800
Bau Nyale (Feb, März)

Lomboks Kuta war früher ein verschlafenes Fischerdorf, das vor allem Surfer besuchten. Die Dünung des Indischen Ozeans produziert hier perfekte Wellen.

Als Lomboks internationaler Flughafen bei Praya 2011 eröffnet wurde, war Kuta plötzlich leicht zu erreichen. Nun gibt es hier eine breite Auswahl an Unterkünften und Restaurants entlang des wunderschönen weißen Sandstrands – ideal, um die Klippen, Landzungen und Strände der schroffen Südküste Lomboks zu erkunden.

Die sieben Kilometer lange Bucht erstreckt sich bis zum weißen Sandstrand von Putri Nyale, der spektakulär neben einer zerklüfteten Kalksteinspitze am Ufer einer kristallklaren blauen Lagune liegt. Der Strand ist mit der Legende um die Sasak-Prinzessin Mandalika verbunden. Die schöne Prinzessin soll von sechs rivalisierenden Prinzen Lomboks umworben worden sein, die alle damit drohten, das Königreich ihres Vaters anzugreifen, falls sie der Heirat nicht zustimme. In einer Vollmondnacht stürzte sich die Prinzessin aus Loyalität ihrem Vater und den Einwohnern gegenüber vom Gipfel eines Hügels an der Ostseite des Strands ins Meer, damit kein Prinz sie haben konnte. Als ihr Körper auf dem Wasser aufschlug, verwandelte er sich in viele bunte Seewürmer, die während des Bau-Nyale-Fests gefeiert werden.

21 Tanjung Aan Beach

B6 8 km östl. von Kuta

Der wunderschöne Strand von Tanjung Aan mit pudrigem weißem Sand ist berühmt für seine guten Surfwellen.

Bei Ebbe verwandelt sich die Bucht in seichte Pools mit türkisfarbenem Wasser. Tanjung Aan umfasst zwei Buchten: Aan im Westen

Der wunderschöne Tanjung Aan Beach im Süden Lomboks ↑

Bau-Nyale-Fest

Jedes Jahr im Februar oder März, wenn die Kräfte des Meeres und des Monds zusammentreffen, kommen Massen von *nyale* – leuchtenden Meereswürmern – ans Ufer, um sich am Strand fortzupflanzen. Die seltenen *nyale* gelten als Delikatesse. Hunderte von Sasak versammeln sich am Strand für ein Festessen, bei dem die Würmer gegrillt, gebraten und sogar roh gegessen werden.

und Pedau im Osten, die durch Felsen voneinander getrennt sind. Hier kann man sicher schwimmen und schnorcheln, in der östlichen Bucht sind die Strömungen etwas stärker. Die Cafés an dem makellosen Strand bieten Tische und Sonnenliegen.

Besuchen Sie Bukit Mereseк, einen Hügel am westlichen Ende der Bucht mit schönem Blick auf den Sonnenuntergang, sowie Batu Payung, eine außergewöhnliche, zerklüftete Felsformation an der Küste.

↑ *Ein Fischer entwirrt sein Netz am Mawun Beach*

22

Mawun Beach

B6 10 km westl. von Kuta

Die Ruhe des abgeschiedenen Mawun Beach ist den nicht unbedingt einfachen Abstieg auf einer langen Straße mit vielen Schlaglöchern wert.

Der Strand ist einer der pittoreskesten in Südlombok. Hier stößt eine hufeisenförmige Sichel weißen Sands auf eine perfekte, halbmondförmige Bucht, die von zwei großen Landzungen geschützt wird. Das türkisfarbene Wasser ist ideal zum Schwimmen. Wenn die Dünung stark genug ist, kann man hier auch gut surfen. Es gibt große Bäume, die Schatten spenden, und kleine *warungs*, die lokale Gerichte servieren und auch Sonnenliegen und -schirme verleihen.

23 Bangko Bangko

A5 von Lembar
Mataram; +62 370 632 723 oder +62 370 634 800

Der zum Fischen und Surfen beliebte Ort liegt am Ende einer Halbinsel in der südwestlichsten Ecke Lomboks. Die kleine Hüttensiedlung kann man nur über eine Piste erreichen. Belohnung für die Anfahrt ist eine spektakuläre Szenerie.

Einige Surfer nannten dieses Gebiet »Wüstenfleck«. Die Wellen, die nach links vom Riff abrollen, bevor sie in die Klippen donnern, liefern beste Bedingungen für erfahrene Wellenreiter. Die unberechenbaren, oft gefährlichen Gewässer eignen sich auch zum Fischen. Ein Angeltrip kann in Lembar gebucht werden.

24 Selong Belanak

B6 Mataram; +62 370 632 723 oder +62 370 634 800

Das Fischerdorf befindet sich an einer ruhigen Bucht, wird an beiden Enden von Klippen flankiert und bietet diverse Unterkünfte. Am Strand liegen bunte Auslegerboote. Außerdem gibt es zahlreiche kleine Cafés, Souvenirstände, Surfbrettverleihe und Eisverkäufer. Besucher des Selong Blanak Beach können am späten Nachmittag oft den herrlichen Anblick einer großen Herde von Wasserbüffeln beobachten, die von Sasak-Cowboys über den Sand von einem Weideplatz zum nächsten getrieben werden.

Die meisten Leute kommen nach Selong Belanak zum Surfen am nahen Maui-Strand. Die Wellen sind ungewöhnlich heftig. Wegen der steilen Startpunkte und der tückischen Korallenbänke ist dieser Ort nur erfahrenen Surfern zu empfehlen.

Fotomotiv
Küstenblick

Vom Gipfel des Sempiak Hill, der sich über dem Strand bei Selong Belanak erhebt, hat man einen atemberaubenden Blick auf die Küstenlinie. Ideal für ein Foto.

25 Tanjung Luar

C5 Mataram; +62 370 632 723 oder +62 370 634 800

Die Bewohner von Tanjung Luar leben vom Meer. Reisende von den nahen Inseln landen im kleinen Hafen des Orts. Er bietet eine Art Taxiservice mit Auslegerbooten zwischen den Inseln. Am Hafen gibt es einen geschäftigen Fischmarkt. Nachdem die Fischer meist mehrere Tage auf dem Meer zugebracht haben, kehren sie in den Hafen zurück und verkaufen ihren Fang direkt am Ufer. Manchmal ist ein großer Hai darunter. Zur lebhaften Atmosphäre tragen Salzverkäufer, Kinder, die an der Hauptmole angeln, und Menschen, die ihr Boot neu streichen, bei.

Nicht weit vom Markt entfernt leben einige Bugis-Gruppen in ihren Pfahlbauten am Strand. Farbenfrohe Bugis-Boote mit dem charakteristischen hohen Bug liegen hier vor Anker.

Für viele Menschen in Tanjung Luar sind *cidomo* das einzige Transportmittel. Dies

↑ *Auf dem Tagesmarkt von Tanjung Luar wird frischer Fisch verkauft*

Sonnenuntergang über einem Fischerboot auf Gili Asahan ↑

Schon gewusst?

Zu den südwestlichen Gili-Inseln gehören mindestens zwölf Inselchen.

sind kleine, von Pferden gezogene Einspänner, die bunt bemalt und oft mit roten Troddeln und Quasten geschmückt sind.

26 Banyumulek

B5 von Mataram
Mataram; +62 370 632 723 oder +62 370 634 800

Das Dorf mit den strohgedeckten Holzhütten ist ein Zentrum für Terrakottatöpfe. Hier kann man sehen, wie sie hergestellt werden. Einige der Töpfe sind mit Textilien oder Rattan dekoriert. Große Töpfe kann man sich nach dem Kauf auch per Schiff nach Hause schicken lassen.

Umgebung: Drei Kilometer westlich führt ein Weg zum Gunung Pengsong hinauf, von wo man eine schöne Aussicht genießt. Vom Hindu-Schrein auf dem Gipfel sind Balis Gunung Agung und Lomboks Gunung Rinjani zu sehen. Auf einer Seite liegt die Ebene von Mataram, auf der anderen eine zerklüftete Bergkette.

27 Südwestliche Gili-Inseln

A5 von Tembowong, Senggigi oder Lembar

An der Nordküste von Lomboks südwestlichstem Zipfel liegen die »geheimen Gili-Inseln«, zwei Gruppen von kleinen smaragdgrünen Inseln. Gili Nanggu, Gili Genting und Gili Tangkong liegen in der Nähe von Lembar, Gili Gede, Gili Asahan und Gili Poh bilden einen kleinen Archipel weiter westlich nahe der Küste bei Pelangan.

Einige der Inseln sind nur spärlich besiedelt, andere sind nicht mehr als Felsen, die aus dem Meer ragen. Alle haben weiße Sandstrände mit Palmen, Kauri-Muscheln und Geisterkrabben. Hier gibt es noch etliche idyllische Strände und wunderschöne Korallen.

Gili Gede (*gede* bedeutet groß) ist die größte und bekannteste Insel vor der Halbinsel Sekotong. Hier gibt es auch die beste Auswahl an Unterkünften, Hotels und Homestays. Motorisierte Verkehrsmittel sind verboten, die Dörfer leben von Perlenfischerei und Fischfang.

Gili Nanggu – perfekt zum Tauchen, Schnorcheln oder einfach Entspannen – ist sehr ruhig. Hier gibt es ein paar einfache Hütten am Strand und ein Restaurant. Auf Gili Asahan stehen ein Öko-Resort, einige Strandbungalow-Hotels und Restaurants. Hier sind exzellente Tauchspots, etwa Secret Garden, Sanking Point und Belongan mit vielen Korallenspitzen.

Täglich fährt ein Schnellboot von Bali nach Gili Gede. Von Tembowong Harbour, Senggigi und Lembar auf Lombok fahren ebenfalls Boote auf die südwestlichen Gili-Inseln.

Die südwestlichen Gili-Inseln sind noch relativ ursprünglich, bieten idyllische Strände und wunderschöne Korallenriffe.

REISE-INFOS

Straßenverkäufer im Regen, Kuta, Bali

Paradise Bali Tours
DK 35

BALI UND LOMBOK REISEPLANUNG

Mit etwas Planung sind die Vorbereitungen für die Reise schnell zu erledigen. Die folgenden Seiten bieten Ihnen Tipps und Hinweise für alle Eventualitäten.

Auf einen Blick

Währung

Indonesische Rupie (IDR)

Rp

Ausgaben pro Tag

Sparsam 590 000 Rp

Preisbewusst 1170 000 Rp

Luxus 3650 000 Rp

Mineralwasser 10 000 Rp

Kaffee 30 000 Rp

Bier 30 000 Rp

Dinner für zwei 700 000 Rp

Wichtige Redewendungen

Hallo	Selamat pagi
Auf Wiedersehen	Selamat tinggal
Entschuldigung	Permisi
Danke	Terima kasih
Ich verstehe Sie nicht	Saya tidak mengerti
Bitte	Silahkan

Strom

Es gibt 230-Volt-Wechselstrom, für flache zweipolige Eurostecker benötigt man keinen Adapter.

Einreise

Bei der Einreise nach Indonesien müssen Bürger aus Deutschland, Österreich und der Schweiz einen noch mindestens sechs Monate gültigen Reisepass vorlegen. Auch Kinder benötigen einen eigenen Pass.

Reisende aus Deutschland, Österreich und der Schweiz können bei Einreise unter Vorlage des Reisepasses sowie eines Rückflug- oder Weiterflugtickets in ein anderes Land ein »Visa on Arrival« erhalten oder ein **elektronisches Visa on Arrival (eVisa)** vor der Einreise beantragen. Das Visum ist bis zu 30 Tage gültig. Eine einmalige Verlängerung um weitere 30 Tage ist möglich. Auf **Bali.com** finden Sie die aktuellen Einreisebestimmungen nach Bali.

eVisa

W molina.imigrasi.go.id

Bali.com

W bali.com

Sicherheitshinweise

Aufgrund unvorhersehbarer Entwicklungen kann es zu Änderungen und Einschränkungen kommen. Aktuelle Hinweise zur Einreise sowie Sicherheitshinweise finden Sie beim deutschen Auswärtigen Amt (www.auswaertiges-amt.de), beim österreichischen Bundesministerium für europäische und internationale Angelegenheiten (www.bmeia.gv.at) oder beim Eidgenössischen Departement für auswärtige Angelegenheiten der Schweiz (www.eda.admin.ch).

Zoll

Auf der Website des indonesischen **Directorate General of Customs and Excise** finden Sie Informationen zu den Gesetzen, die für Waren und Devisen gelten, die nach Indonesien ein- oder ausgeführt werden.

Es gibt Beschränkungen für die Ein- und Ausfuhr von Gegenständen, die aus gefährdeten Arten hergestellt wurden, sowie für die Ausfuhr von Antiquitäten und bestimmten Kulturgütern.

Directorate General of Customs and Excise

W beacukai.go.id

Versicherungen

Wir empfehlen den Abschluss einer umfassenden Versicherung, die Diebstahl, Verlust von Eigentum, medizinische Versorgung, Stornierung und Verspätungen abdeckt. Vergewissern Sie sich, dass der Versicherungsschutz auch die medizinische Evakuierung einschließt: Die Behandlung schwerer Erkrankungen erfordert häufig einen Nottransfer nach Singapur.

Impfungen

Eine gültige Impfung gegen Gelbfieber wird nur für die Einreise aus einem Gelbfieber-Endemiegebiet gefordert. Bei direkter Einreise aus Deutschland bestehen keine Impfvorschriften. Neben den Standardimpfungen werden auch Impfungen gegen Hepatitis A und B, Tollwut, Typhus, Polio und Japanische Encephalitis empfohlen. Dengue-Fieber kommt in Bali und Lombok häufig vor, eine Impfung ist nicht möglich. Auf Lombok besteht ein hohes Malaria-Risiko, auf Bali ein geringes. Die Konsultation eines Reisemediziners rechtzeitig vor der Abreise wird dringend empfohlen.

Bezahlen

Auf Bali und Lombok gilt die indonesische Rupie (IDR) als Hauptwährung. Kredit- und Debitkarten werden zwar weithin akzeptiert, Bargeld ist jedoch immer noch das wichtigste Zahlungsmittel.

Die Telefonnummer des Sperr-Notrufs bei Verlust einer Kredit- oder Debitkarte lautet: +49 116 116.

Trinkgeld ist immer willkommen. Kellner, Fahrer und Reiseleiter erwarten etwa zehn bis 15 Prozent des Rechnungsbetrags.

Hotels

Bali und Lombok bieten eine große Auswahl an Unterkünften – von preiswerten Aufenthalten bis hin zu Luxusresorts. Fast alle Hotels in Bali und Lombok kann man online buchen. Für etwas abgelegenere Unterkünfte, etwa auf den Inseln, ist das nicht immer möglich oder verlässlich, dort sollte man zur Sicherheit anrufen. Zur Hauptsaison im Juli und August sowie zu Weihnachten steigen die Übernachtungskosten. Auch sollte man zu diesen Zeiten weit im Voraus buchen.

Reisende mit besonderen Bedürfnissen

Die Einrichtungen für behinderte Reisende sind unzureichend. Rollstuhlgerechte Zugänge sind selten, die Bürgersteige hoch und uneben, öffentliche Verkehrsmittel unzugänglich. Bessere Hotels stellen sich immer mehr auf die Bedürfnisse behinderter Reisender ein. **Bali Access Travel** listet barrierefreie Unterkünfte und Transportunternehmen auf und organisiert Touren. Hilfreiche Informationen bietet auch **Accessible Indonesia**.

Bali Access Travel
W baliaccesstravel.com
Accessible Indonesia
W accessibleindonesia.org

Sprache

Die meistgesprochenen Sprachen in Bali sind Indonesisch und Balinesisch, in Lombok Indonesisch und Sasak. Englisch ist die Haupt-Fremdsprache.

Öffnungszeiten

Freitag Da Lombok größtenteils muslimisch ist, schließen die meisten Büros zwischen 11:30 und 14 Uhr zum Gebet.
Wochenende Die meisten Banken schließen am Samstagmittag.
Feiertage Alle Banken und Regierungsbüros sind geschlossen, die meisten Läden und Privatunternehmen haben hingegen geöffnet.

Feiertage

1. Jan	Tahun Baru Masehi (Neujahr)
März	Nyepi (Hindu-Neujahr)
März/Apr	Isra Mi'raj (Himmelfahrt Mohammeds)
1. Mai	Hari Buruh Internasional (Tag der Arbeit)
Mai	Hari Waisak (Buddhas Geburtstag)
1. Juni	Hari Pancasila
Juni	Hari Raya Idul Fitri (Fastenbrechen)
Aug	Idul Adha (Islamisches Osterfest)
17. Aug	Hari Proklamasi Kemerdekaan R.I. (Unabhängigkeitstag)
Ende Aug	Islamisches Neujahr
Nov	Mawlid an-Nabi (Mohammeds Geburtstag)
25. Dez	Weihnachten

AUF BALI UND LOMBOK UNTERWEGS

Ob Sie einen Städtetrip planen oder einen Aufenthalt im ländlichen Gebiet – hier erfahren Sie, wie Sie Ihre Wunschdestination am besten erreichen und sich im Land bewegen.

Auf einen Blick

Tickets ÖPNV

Kuta – Ubud
250 000 Rp
Taxi mit Taxameter

Kuta – Ubud
60 000 Rp
Shuttlebus

Kuta – Ubud
300 000 Rp
Wagen mit Fahrer

Achtung: Die Fahrzeiten können aufgrund des Verkehrsaufkommens erheblich variieren.

Tempolimits

Mautstraße	Landstraße
100 km/h	80 km/h

Hauptstraße	Stadtgebiet
60 km/h	40 km/h

Anreise mit dem Flugzeug

Bali

Balis einziger Flughafen ist der **Ngurah Rai International Airport** 13 Kilometer südlich von Denpasar, deshalb wird er auch oft Denpasar International Airport genannt. Große Airlines, die den Flughafen ansteuern, sind Garuda Indonesia, Air Asia, Air New Zealand, American Airlines, ANA, Cathay Pacific Airways, China Airlines, China Southern, Delta, Emirates, Eva Air, Jetstar, KLM, Korean Air, Lion Air, Malaysia Airlines, Philippine Airlines, Qatar Airways, Royal Brunei, Singapore Airlines, Thai Airways International, Virgin Australia und Xiamen Airlines. Einige europäische und internationale Airlines fliegen Bali direkt an. Viele europäische Reisende fliegen nach Singapur, von wo täglich Flüge nach Denpasar mit Garuda und Singapore Airlines starten. Auch Bangkok, Mumbai und Kuala Lumpur fungieren als Zwischenstopps für Flüge nach Bali mit Airlines wie u. a. Lufthansa, Thai Airways und Malaysia Airlines.

Die Flugdauer (Europa) beträgt mindestens 16 Stunden (München – Bali), mit Zwischenstopp(s) länger.

Ngurah Rai International Airport
W bali-airport.com

Lombok

Auf Lomboks **Zainuddin Abdul Madjid Airport** bei Mataram landen vor allem Inlandsflüge aus anderen Teilen Indonesiens. Die einfachste und schnellste Art, von Bali nach Lombok zu kommen (und vice versa), ist ein kurzer Inlandsflug. Die Flugzeit von Balis Ngurah Rai International Airport nach Lombok beträgt ungefähr 25 Minuten.

SilkAir bietet Direktflüge zwischen Lombok und Singapur an, Air Asia fliegt direkt zwischen Lombok und Kuala Lumpur. Garuda Indonesia hat ein internationales Flugnetz, das auch Jakarta und Surabaya bedient, von wo man wiederum mit einem Inlandsflug Lombok erreicht und von dort auch wieder abfliegen kann.

Zainuddin Abdul Madjid Airport
W lombok-airport.co.id

Von den Flughäfen in die Stadt

Flughafen	Ziel	Taxipreis	Fahrtdauer
Bali Airport	Kuta	120 000 Rp	15 Min.
	Seminyak	150 000 Rp	25 Min.
	Sanur	175 000 Rp	25 Min.
	Canggu	300 000 Rp	40 Min.
	Ubud	350 000 Rp	60 Min.
	Candi Dasa	450 000 Rp	1 Std. 40 Min.
	Lovina	600 000 Rp	1 Std. 50 Min.
	Amed	800 000 Rp	2 Std. 50 Min.
Lombok Airport	Senggigi	220 000 Rp	1 Std. 20 Min.
	Mataram	160 000 Rp	50 Min.
	Kuta	90 000 Rp	30 Min.
	Bangsal Harbour	350 000 Rp	1 Std. 30 Min.

Straßenverbindungen

Diese Karte, auf der die Hauptrouten mit Fahrzeiten verzeichnet sind, ist sehr nützlich, wenn man die Hauptdestinationen auf Bali und Lombok mit dem Auto besuchen will. Die angegebenen Zeiten beziehen sich auf die schnellsten Routen.

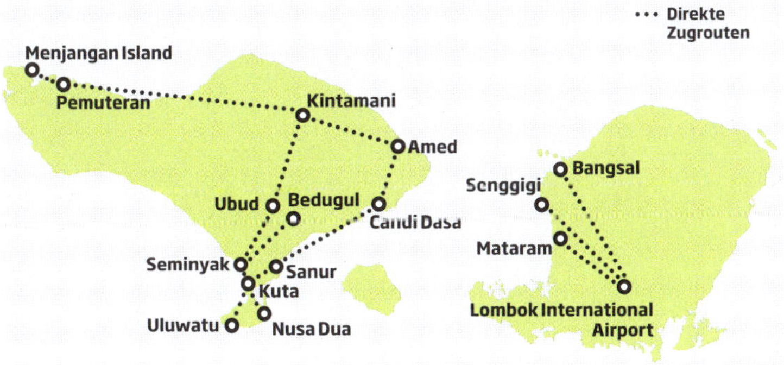

Kuta - Seminyak	20 Min.	Sanur - Candi Dasa	70 Min.
Seminyak - Ubud	60 Min.	Candi Dasa - Amed	1 Std. 40 Min.
Seminyak - Bedugul	80 Min.	Amed - Lovina	2 Std. 40 Min.
Kuta - Nusa Dua	25 Min.	Lovina - Pemuteran	1 Std.
Kuta - Uluwatu	50 Min.	Mataram - Senggigi	40 Min.
Ubud - Kintamani	50 Min.	Senggigi - Kuta (Lombok)	1 Std. 40 Min.

Verkehrsmittel auf Bali und Lombok

Öffentliche Transportmittel auf Bali und Lombok sind zwar preiswert, aber nicht immer bequem. Die Strecken sind eher auf die Bedürfnisse der Bevölkerung als auf die von Besuchern ausgerichtet, nach Einbruch der Dunkelheit wird der Verkehr unübersichtlich.

Bus

Busse, die hauptsächlich von Einheimischen benutzt werden, fahren zwischen Städten und über die ganze Insel. Hauptrouten führen von Denpasar nach Singaraja, von Denpasar nach Amlapura und von Sweta nach Labuhan Lombok. Bezahlt wird beim Fahrer oder Schaffner. Tickets kann man – außer für inselübergreifende Fahrten – nicht vorab kaufen.

Die Busbahnhöfe in Südbali liegen rund um Denpasar: bei Batubulan im Norden, bei Kereneng im Zentrum von Denpasar und bei Ubung im Westen.

Bemo

Bemo sind Minivans, die auf festgelegten Strecken fahren. Kleine *bemo* bedienen die Orte, große *bemo* fahren über Land, etwa von Denpasar nach Ubud oder Kuta. Die Preise sind niedrig (unter 10 000 Rp innerorts, bis 20 000 Rp über Land), Touristen werden bisweilen jedoch übervorteilt. *Bemo* sind heiß und laut, Abfahrtzeiten werden großzügig ausgelegt. Für Reisende mit engem Zeitplan sind sie deshalb ungeeignet.

Touristen-Shuttle

Mit Urlauber-Shuttles, kleinen Bussen, die regelmäßig zwischen touristischen Zielen verkehren, kommt man auf Bali und Lombok gut voran. Normalerweise haben sie zwischen acht und 20 Plätze. Mehrere Gesellschaften wie etwa **Perama** verkehren planmäßig zwischen den Ferienzielen zu festen Preisen (zwischen 35 000 und 175 000 Rp). Das japanische Touristen-Shuttle-Unternehmen **Kura-Kura Bus** (Fahrpreise ab 20 000 Rp) bietet Verbindungen in den beliebten touristischen Gegenden Kuta, Legian, Seminyak, Sanur, Ubud, Jimbaran und Nusa Dua. Man sollte Tickets vorab buchen.

Perama
W peramatour.com/transport/shuttle
Kura-Kura Bus
W kura2bus.com

Boote und Fähren

Auch wenn Bali und Lombok nicht allzu weit voneinander entfernt liegen, können die Gewässer zwischen den Inseln doch sehr rau sein. Deshalb sollte man sich vorab informieren, welche Firmen die höchsten Sicherheitsstandards bieten.

Der günstigste Weg, die Lombokstraße zu überqueren, ist die Fähre. Fähren verkehren im 60- bis 90-Minuten-Takt ab Padang Bai in Ostbali nach Pelabuhan Lembar auf Lombok. Die Überfahrt dauert etwa vier Stunden. Kommen Sie sehr früh nach Padang Bai, um mit einer der neueren Fähren zu reisen. Fahrkarten werden am Hafen gekauft. Sitzplätze gibt es in einem klimatisierten Salon, der allerdings nicht so angenehm ist wie ein Platz an Deck.

Es gibt viele Unternehmen, die Fahrten zwischen Bali und Lombok, Bali und Gili Air, Gili Trawangan und Gili Meno, Bali und Gili Gede, Bali und Nusa Lembongan sowie Bali und Nusa Penida anbieten. Die Boote fahren ab von Benoa, Serangan, Padang Bai und Amed. Schnellboote nach Nusa Lembongan und Nusa Penida starten von Sanur. Suchen Sie die Überfahrt nicht nur nach dem Preis aus, sondern nach dem Ruf des Unternehmens und achten Sie auf eine Sitzplatzgarantie, da einige Anbieter ihre Boote überladen.

Kreuzfahrten

Mehrere Unternehmen bieten Kreuzfahrten vor Bali und Lombok an. **Bali Hai** hat Tagesausflüge von Benoa Harbour nach Lembongan, Nusa Penida und zu den Nusa-Ceningan-Inseln im Programm. Bali Hai betreibt auch Katamarane mit Glasböden zur Besichtigung von Korallenriffen. Außerdem gibt es mehrere Angebote für Wassersportaktivitäten oder Delfinbeobachtungen.

Bali Hai
W balihaicruises.com

Taxi

In Südbali und in Senggigi auf Lombok kann man Taxis mit Taxametern in belebten Gebieten herbeiwinken, anrufen oder via App bestellen. Anderswo trifft man wesentlich seltener auf Taxis, sogar in großen Städten wie Ubud. Manche Fahrer wollen eine Pauschale aushandeln. Es ist aber meist besser, mit Taxameter zu fahren. Verlässliche Unternehmen sind **Blue Bird Taxi** und **Grab**, deren Fahrer auch Englisch sprechen.

Blue Bird Taxi
W bluebirdgroup.com
Grab
W grab.com/id

Privater Transport in Bali und Lombok

Mit dem eigenen Transportmittel ist man natürlich viel unabhängiger unterwegs. Man ist zeitlich nicht so eingeschränkt, kann halten, wo man will, und kann auch entlegenere Gebiete erkunden. Das Verkehrsaufkommen kann für Ungeübte sehr abschreckend sein, deshalb ist es eine gute Idee, einen Wagen mit einem Fahrer zu mieten. Das kostet etwa 900 000 Rp (56 Euro) am Tag.

Autofahren
Wenn man in Indonesien selbst Auto fahren will, braucht man einen internationalen Führerschein, den man sich am bestem in seinem Heimatland besorgt. Wenn Sie einen Unfall haben und ohne internationalen Führerschein fahren, wird das nicht von Ihrer Reiseversicherung abgedeckt.

Mietwagen
Mietwagen gibt es in den wichtigsten Touristengebieten, wo Mietwagenfirmen und Reiseagenturen Autos zu akzeptablen Preisen anbieten. Einen Mietwagen darf man nicht von Bali nach Lombok oder andersherum mitnehmen. Normalerweise bringt die Mietwagenfirma das Auto zu Ihnen und holt es am Ende wieder ab.

Parken
Parkplätze in Städten und bei Märkten werden von Wärtern bewacht, die eine Gebühr verlangen (normalerweise zwischen 2000 und 10 000 Rp je nach Fahrzeug) und Ihnen auf die Straße zurückhelfen.

Motorräder
Motorräder gibt es fast überall zu mieten und sie sind sinnvolle Fahrzeuge, um in etwas abgelegeneren Gebieten wie auf Nusa Penida und in Südlombok, wo die Straßen viele Schlaglöcher haben, unterwegs zu sein. Der Verkehr kann gefährlich sein, man sollte sich also gut überlegen, ob man ein Motorrad mieten will. Für das Fahren von Motorrädern braucht man einen internationalen Führerschein.

Es gilt eine gesetzliche Helmpflicht, die Helme, die man von Mietagenturen bekommt, bieten aber nur wenig Schutz. Man sollte deshalb seinen eigenen Helm mitbringen oder vor Ort einen kaufen. Achten Sie darauf, dass er einen Gesichtsschutz gegen Sonne, Regen, Insekten und Staub hat. Fahren Sie langsam und vorsichtig, da es immer häufiger zu Unfällen kommt.

Wenn Sie nicht selbst Motorrad fahren wollen, können Sie auch ein *ojek* (Motorradtaxi) mieten, das auf Lombok üblicher ist als auf Bali. Sie sind ideal für ruhige Landstraßen, riskanter ist es in großen Städten. Da *ojeks* keine Taxameter haben, muss man vorher einen Preis aushandeln. Wenn der Fahrer keinen Helm für Sie hat, fahren Sie nicht mit. Ein *ojek* kann man über die App **Go-Jek** mieten.
Go-Jek
W go-jek.com

Verkehrsregeln
In Indonesien gilt Linksverkehr. Ampeln sind selten: Auf Kreuzungen sollten Sie die Warnblinkanlage benutzen, wenn Sie geradeaus fahren und nicht abbiegen wollen. Die meisten Verkehrsteilnehmer scheinen sich nicht an die Verkehrsregeln zu halten: Motorräder überholen auf allen Seiten, Fahrer nehmen die Vorfahrt, ohne auf andere zu achten. Die Vorfahrt gehört dem, der schneller ist oder zuerst seine Lichthupe betätigt. Es ist üblich, vor dem Überholen kurz zu hupen.

Da es auf Bali nur wenige und schmale Bürgersteige gibt, weichen viele Fußgänger oft mitsamt Vieh, Schubkarren und Rädern auf die Straße aus. Auf Lombok ist der Verkehr zwar nicht ganz so dicht, aber auch hier sollte man auf Pferdewagen achten.

Nach Einbruch der Dunkelheit ist es generell nicht ratsam, mit dem Auto zu fahren, da die Sicht schlecht ist und vor allem die Beleuchtung an Fahrrädern und Motorrädern unzureichend ist. Autofahrer sollten sich vor schwarzen Sandhaufen an der Straße in Acht nehmen, die für die Bauarbeiten am nächsten Tag aufgeschüttet wurden.

Radfahren
Radfahren ist eine sehr angenehme Art, die ruhigeren Gegenden von Bali und Lombok zu erkunden, aber Vorsicht ist geboten, denn Schlaglöcher und andere Hindernisse gibt es zuhauf. Äußerste Vorsicht ist auf stark befahrenen Straßen geboten, wo Fahrräder in der Verkehrshierarchie ganz unten stehen, vor allem auf Bali. Auf Lombok ist der Verkehr nicht ganz so chaotisch.

In allen touristischen Gebieten gibt es Leihfahrräder, am besten fragen Sie Ihre Unterkunft, ob sie Ihnen einen Radverleih empfehlen kann. Bevor Sie bezahlen, vergewissern Sie sich, dass die Bremsen funktionieren und ein Licht vorhanden ist. Tragen Sie zur Sicherheit einen Helm und fahren Sie nicht nachts, wenn die Straßen nur schlecht oder gar nicht beleuchtet sind.

Wandern
Aufgrund des Fehlens von Bürgersteigen und des chaotischen Verkehrs ist es nicht ratsam, städtische Gebiete auf Bali zu Fuß zu erkunden. Anders sieht es auf dem Land und den Inseln aus. Hier kann man durch grüne Reisfelder, dichten Dschungel und vulkanische Ebenen zu geheimen Wasserfällen, alten Tempeln und hohen Bergen wandern.

Zu den beliebten Routen gehören der vier Kilometer lange Campuhan Ridge Walk in Ubud, die Besteigung des Gunung Batur *(siehe S. 120)* und ein Spaziergang durch die Reisterrassen von Tegallalang *(siehe S. 108f)*.

PRAKTISCHE HINWEISE

Ein paar wenige Kenntnisse der lokalen Gegebenheiten genügen – hier finden Sie die wichtigsten Hinweise und Tipps für Ihren Aufenthalt auf Bali und Lombok.

Auf einen Blick

Notrufnummern

Krankenwagen	Feuerwehr
118	113

Polizei	Rettungsdienst
110	111

Zeit

Die Zeitdifferenz zur Mitteleuropäischen Zeit (MEZ) beträgt plus sieben Stunden, während der Sommerzeit eine Stunde weniger.

Leitungswasser

In Bali und Lombok kann man Leitungswasser nicht trinken. Trinken Sie nur Wasser aus Flaschen.

Websites

bali.com
Auf der Website findet man nützliche Infos zu Übernachtungsmöglichkeiten, Restaurants und vielem mehr.

lombokindonesia.org
Online-Führer für Lombok.

expat.or.id
Dies Website bietet viele praktische Infos für Menschen, die nach Indonesien ziehen wollen oder bereits dort leben.

balitourismboard.id/en/
Balis offizielle Tourismus-Website.

Persönliche Sicherheit

Bei einem Besuch in Indonesien ist Vorsicht geboten. Gewaltverbrechen sind selten, aber in den Touristengebieten kann es zu Taschendiebstählen kommen. Seien Sie sehr vorsichtig mit Ihrem Hab und Gut und hüten Sie sich vor Dieben, die auf Motorrädern unterwegs sind. Melden Sie jeden Diebstahl bei der englischsprachigen Touristenpolizei, wenn Sie einen Versicherungsanspruch geltend machen wollen. Wenden Sie sich an Ihre **Botschaft**, wenn Ihnen Ihr Reisepass gestohlen wurde, oder im Fall eines schweren Verbrechens oder Unfalls.

Obwohl Menschen aller Ethnien und Religionen willkommen sind, ist Indonesien ein muslimisches Land, und alle Reisenden sollten die lokalen religiösen Bräuche und Anstandsregeln respektieren. Bali ist mehrheitlich hinduistisch, doch gelten auf der Insel viele der gleichen Regeln wie im Rest des Landes.

Alle Reisenden, unabhängig von ihrer sexuellen Orientierung, sollten diskret vorgehen. Öffentliche Zurschaustellung von Zuneigung ist generell verpönt und sollte vermieden werden. Homosexualität ist zwar legal, aber die gleichgeschlechtliche Ehe ist es nicht. Trotzdem ist es unwahrscheinlich, dass LGBTQ+ Reisende auf Probleme stoßen werden. Insbesondere Seminyak, Südbali und Ubud verfügen über große LGBTQ+ Gemeinden und bieten eine Reihe von einladenden Lokalen. **Utopia Asia** hat einen umfassenden Führer zu Balis und Lomboks LGBTQ+ Szene.

Konsulat Deutschland
Jalan Pantai Karang 17, Sanur
+62 361 288 535
jakarta.diplo.de

Österreich
Auf Bali ist das Schweizer Konsulat zuständig.

Konsulat Schweiz
Jalan Ganetri 9D, Gatot Subroto Timur, Denpasar
+62 361 264 149
eda.admin.ch/jakarta

Utopia Asia
utopia-asia.com

Gesundheit

Die medizinische Versorgung ist in den abgelegenen Gebieten eher schlecht, obwohl es auf Bali gute – wenn auch teure – Privatkliniken gibt, darunter das **International SOS Medical Centre**.

Bei kleineren Beschwerden helfen Apotheken. Magenverstimmungen, die durch ungewohntes Essen und Klima sowie mangelnde Hygiene verursacht werden, sind das häufigste Problem. Ruhe und Flüssigkeitszufuhr sind die wichtigsten Behandlungsmethoden. Wenn die Beschwerden nach ein paar Tagen nicht abklingen, sollte man eine Apotheke oder ein Krankenhaus aufsuchen. Mücken sind eine Plage, vor allem auf Lombok, wo Malaria weitverbreitet ist, also schützen Sie sich mit Insektenmitteln und Kleidung.

International SOS Medical Centre
W internationalsos.co.id

Rauchen, Alkohol und Drogen

Rauchen ist in geschlossenen Räumen generell verboten. Alkohol gibt es in touristischen Gegenden, selbst gebrannten Arak sollte man nicht trinken. Der Besitz von Drogen ist strafbar und kann Haftstrafen nach sich ziehen.

Ausweispflicht

Sie müssen in Bali und Lombok Ihren Ausweis nicht ständig bei sich tragen. Falls die Polizei Ihre Identität überprüfen will, ist es aber sinnvoll, mindestens eine Kopie vorweisen zu können, vor allem in ländlichen Gebieten.

Etikette

Die Balinesen heißen Besucher herzlich willkommen, solange sie sich mit dem nötigen Respekt verhalten. Wut, Zorn und Konfrontation sowie die öffentliche Zurschaustellung von Zuneigung werden als unhöflich angesehen. Intimität wird hinter verschlossenen Türen gehalten, vor allem auf Lombok, das mehrheitlich muslimisch ist. Sogar Händchenhalten wird als unschicklich angesehen. Auch allzu freizügige Kleidung ist verpönt.

Vermeiden Sie es, jemanden am Kopf zu berühren, er gilt als heilig. Reichen Sie Dinge mit der rechten Hand, da die linke als unrein gilt. Zeigen Sie nicht auf jemanden, sondern winken Sie, indem Sie Ihre Hand ausstrecken und nach unten winken.

Besuch heiliger Stätten

Beim Besuch von Hindu-Tempeln und muslimischen Moscheen müssen Besucher strenge Regeln beachten. Beim Betreten einer Moschee müssen Arme und Beine bedeckt sein. Frauen sollten auch ihr Haar mit einem Tuch bedecken. In Tempeln müssen eine Taillenschärpe und vielerorts auch ein Sarong getragen werden. Diese können in Tempeln, die regelmäßig von Touristen besucht werden, ausgeliehen oder gegen eine geringe Gebühr gemietet werden, aber man kann sie fast überall auch selbst kaufen.

Bestimmten Personen ist der Zutritt zu Hindu-Tempeln untersagt. Dazu gehören Menschen, die menstruieren oder eine offene Wunde haben – das hängt mit dem Verbot zusammen, in einem Tempel Blut zu vergießen –, und solche, die sich körperlich oder geistig unwohl fühlen.

Mobiltelefone und WLAN

Mit einem GSM-Mobiltelefon hat man in Bali und Lombok eine gute Abdeckung. Lokale Prepaid-SIM-Karten bekommt man in Telefonläden. Sie werden nach einem Ausweis gefragt, und die Verkäufer richten in der Regel Ihre neue SIM-Karte für Sie ein, wenn Sie ein entsperrtes Telefon haben.

WLAN ist in den touristischen Gegenden der Inseln omnipräsent, fast jedes Hotel, Restaurant und Café bietet eine kostenlose Verbindung.

Post

Postämter gibt es in allen wichtigen Touristengebieten der Inseln. Internationale Briefe und Postkarten sind bis zu zwei Wochen unterwegs. Pakete versendet man besser und sicherer über Kurierdienste wie DHL, FedEx oder UPS.

Steuern und Rückerstattung

Die Mehrwertsteuer liegt in Indonesien bei zehn Prozent. Sie ist normalerweise in den ausgezeichneten Preisen von Einzelhandelsprodukten und Dienstleistungen bereits eingeschlossen. Einige Hotels und Luxusrestaurants fügen sie der Schlussrechnung hinzu, zusätzlich zu einem elfprozentigen Bedienungszuschlag. In Indonesien gibt es keine Mehrwertsteuerrückerstattung für Besucher.

REGISTER

Seitenzahlen in **fetter** Schrift verweisen auf Haupteinträge.

N

O

P

R

S

T

U

V

GLOSSAR

Architektur

atap: Palmblattdach
bale: Pavillon
candi bentar: geteiltes Tor
gedong: umzäunter Pavillon
kori: Tor mit Dach
kori agung: großes Tor
kulkul: Trommelturm
meru: mehrstöckiger Schrein, eigentlich der Weltenberg der hinduistisch-buddhistischen Mythologie
padmasana: hoher Schrein der höchsten Gottheit
pelinggih: Schrein, Geisterhaus *(spirit house)*
pura: Tempel
puri: Palast, Haus eines Adligen
rumah: Haus
wantilan: öffentlicher Pavillon
warung: kleiner Laden und (meist) Imbiss mit Café

Kunsthandwerk

geringsing: Textilien, deren Kett- und Schussfäden eingefärbt sind, »Doppel-**ikat**«
ikat: Textilien, deren Schussfäden eingefärbt sind
kayu: Holz
lontar: Palmenart (auch: Palmyrapalme)
lukisan: Gemälde
mas: Gold
pande: Schmied
paras: Vulkangestein (Baustoff)
patung: Statue
perak: Silber
prada: golden bemaltes Tuch
songket: Stoff mit eingewebten Gold- und Silberfäden
tapel: Maske
tenunan: weben

Musik und Tanz

arja: balinesische Oper
baris: männlicher Solotanz
baris gede: heiliger Tanz für mehrere männliche Tänzer
Barong: große heilige Gestalt, von zwei Männern getanzt
belaganjur: Prozession eines Perkussionsensembles
gambuh: antiker Tanz bei Hof
gamelan: Perkussionsensemble, auch: traditionelle Musik auf Bali und Java
gangsa: Instrument mit Klangtasten aus Bronze
kebyar: lebhafter Stil der *Gamelan*-Musik, lebhafter Solotanz
kendang: Trommel
keris: heiliger Dolch
legong: Tanz dreier Frauen
prembon: Mischprogramm
Ranggda: heiliges dämonisches Abbild, Gattin des Barong
rejang: heiliger Tanz für mehrere Tänzerinnen
suling: Bambusflöte
tari: Tanz
topeng: maskierter Tanz nach Abstammungserzählungen
trompong: Bronzeinstrument mit acht bis zwölf Kesselgongs
wayang kulit: traditionelles indonesisches Schattenspiel
wayang wong: maskierter Tanz, basierend auf Hindu-Epen

Kleidung

baju: Hemd, Kleid
baju kaus: T-Shirt
destar: Kopftuch der Balinesen
gelungan: verzierter Kopfputz
jilbab: Kopftuch muslimischer Frauen
kain: Tuch, langes Hüfttuch
kebaya: traditionelle Jacke für Frauen
peci: Hut für muslimische Männer
sarong: genähtes langes Hüfttuch
selendang: Tempelschärpe
sepatu: Schuhe

Religion und Gemeinde

banjar: Dorfverband
hari raya: jeder religiöse Feiertag
karya: gemeinschaftliche Arbeit
mesjid: Moschee
odalan: Tempelfest
pedanda: hoher Priester
pemangku: Tempelpriester
penjor: girlandengeschmückter Bambuspfahl
pura dalem: Tempel der Hölle
pura desa: Dorftempel
pura puseh: Tempel des Ursprungs
sebel: Tabu
sunat: islamische Beschneidung
tirta: heiliges Wasser
yadnya: Hindu-Ritual (allgemein)

Essen und Trinken

air minum: Trinkwasser
ayam: Huhn
babi: Schwein
babi guling: geröstetes Schwein
bakar: gegrillt
bebek tutu: geräucherte Ente
buah-buahan: Frucht
cumi-cumi: Tintenfisch
daging: Fleisch
gado gado: vegetarisches Gericht mit Erdnusssauce
garam: Salz
goreng: gebraten
gula: Zucker
ikan laut: Fisch
jeruk: Orange, Zitrone
jeruk nyepis: Limette
kelapa: Kokosnuss
kopi: Kaffee
makan: essen
mie: Nudeln
minum: trinken
nasi: Essen, Reis, Reisgericht
pedas: scharf
pisang: Banane
roti: Brot
sambal: scharfe Zutat
sapi: Rindfleisch
sate, sate lilit: Fleischspieße
susu: Milch
teh: Tee
telur: Ei
udang: Gamba, Garnele

Natur und Landschaft

bukit: Hügel
burung: Vogel
danau: See
gunung: Berg
hujan: Regen
jalan: Straße
laut: Meer
mata hari: Sonne
pantai: Strand
pohon: Baum
sawah: Reisfeld
subak: Bewässerungskooperative
sungai: Fluss, Strom
taman: Garten, Park
tanah: Grund, Boden, Erde

Reise und Transport

bemo: öffentlicher Minibus
cidomo: Pferdewagen (Lombok)
dokar: Pferdewagen
jukung: Auslegerkanu mit Segel
mobil: Wagen
sepeda motor: Motorrad

Verschiedenes

adat: Gewohnheitsrecht oder Tradition
bagus: gut
baik: gut
Bapak: höfliche Anrede (Mann)
bayar: zahlen
cantik: hübsch
dingin: kalt
Ibu: höfliche Anrede (Frau)
mahal: teuer
murah: billig
panas: heiß, warm
pariwisata: Tourismus
puputan: ritueller Selbstmord
rokok: Zigarette
sakit: verletzt, krank
selamat jalan: leb wohl
terima kasih: danke
tidak: nein, nicht
tidur: schlafen
uang: Geld

DANKSAGUNG

Dorling Kindersley bedankt sich bei den folgenden Personen für ihre Beiträge zur letzten Ausgabe: Rachel Lovelock, Andy Barski, Albert Beaucourt, Bruce Carpenter, John Cooke, Jean Couteau, Diana Darling, Sarah Dougherty, Julia Goh, Lorca Lueras, Zoe Ross, Tim Stuart und Tony Tilford.

BILDNACHWEIS

Dorling Kindersley dankt folgenden Personen für die freundliche Genehmigung zum Abdruck ihrer Fotos.

o = oben; u = unten; m = Mitte; l = links; r = rechts

123RF.com: balinature 88ml; Florian Blümm 152ul; iferol 159o; ivohausner 105or; Ronnachai Limpakdeesavasd 11mr; Aleksandar Todorovic 66ul, 74or.

4Corners: Jürgen Ritterbach 122–123u.

Alamy Stock Photo: 24BY36 36u; age fotostock/ Frederic Soreau 76o; Terry Allen 117; Konstantin Andreev 84 – 85u, 108ol; ART Collection 54o; Art Directors & TRIP 52ml, 52mlu; Putu Artana 53ol; Arterra Picture Library 24mr, 121mlu, 164u; Artokoloro Quint Lox Limited 55mro; Asia File 34 – 35o; Romina Bayer 174ur; Sabena Jane Blackbird 129or; Paul Brown 22ol; pavlos christoforou 20ml; Chronicle 56ur; Sue Clark 129ur; Thomas Cockrem 42o, 55ol, 73ur, 178ul; Cultura Creative (RF) 47u; Leila Cutler 132mlu; David Buch Photography 39ml; Chris Deeney 41o; Design Pics Inc 45ml; Marius Dobilas 86or; Brad Downs 27ol; Eagle Visions Photography/Craig Lovell 22 – 23o, 161o; Peter Eastland 20ul, 73or, 132ul; Martyn Evans 37ur; Dima Fadeev 28ul; Michele Falzone 50ul, 66 – 67, 108 –109u; Christine Gates 150ur; Sioen Gérard 127or; GoSeeFoto 78ur; Hagen Production 41ml; Vince Harris 165or; Hemis 13ur; Horizon Images/Motion 70 – 71o, 86 – 87u; KC Hunter 100 –101; imageBROKER 139or; INTERFOTO 55ul; Ivoha 43mr; Jango/Stockimo 103mlo; JHMimaging 37ol; John Warburton-Lee Photography 106ml; Jon Arnold Images Ltd 137ur, 185mlo; Kenishirotie 38ur; John Kershaw 45ur; Ronnachai Limpakdeesavasd 121ur; Christoph Lischetzki 30ml, 106ul; LOOK Die Bildagentur der Fotografen GmbH 26or, 100mro, 184u; Edmund Lowe 20o, 110 –111; MARKA 104ol; Stefano Politi Markovina 185ur; master2 180ul; mauritius images GmbH 98ul; Annette Maya 153ur; Aliaksandr Mazurkevich 24o, 40ur; Military History Collection 56 – 57o, 57mlu; Igor Mojzes 39mru; Denis Moskvinov 47ml, 52mr; nikjvt 59or; Roberto Nistri 95ur; Nokuro 143or; Angela Nott 95mlo; Agung Parameswara 130 –131u; Carlos Peñalba 172 –173; Photononstop 153mru; Peter Pinnock 149um; Christian Platzer 26ol; Grant Rooney Premium 23ol; Juergen Ritterbach 105u; robertharding 41ur, 43mlo, 49mlo, 55mu, 140o, 158ur; RooM the Agency 27or, 172mlu; Reynaldo Santa 150o; Norbert Scanella 156 –157o; Peter Schickert 28mr; Leonid Serebrennikov 43or, 107o, 136 –137o; Simon Pierce 12o; David South 157ur; Constantin Stanciu 40ol; Wayan Sulendra 131or; Mulawardi Sutanto 44ol; Ariyani Tedjo 34ol, 35ml; travelib Indonesia 46ubl; Yuliya Trukhan 141u; Dray van Beeck 37m; Mykola Velychko 24ml; Nitish Waila 12 –13u; Rob Walls 100ul; Christine Wehrmeier 27mo; Michel & Gabrielle Therin-Weise 154mro; Karin De Winter 163ur; Jan Wlodarczyk 10mo, 154mlu; Poelzer Wolfgang 138u.

AWL Images: Marco Bottigelli 18ol, 112 –113; Michele Falzone 2 – 3, 69o.

Bridgeman Images: Christie's Images/Willem Gerard Hofker © DACS 2018 *Phantastic Bali, Werbeposter für das Bali Hotel, Indonesien* 56ol; Geschichtsbilder 55or, 55mr, 99ur.

Mit freundlicher Genehmigung von Ashtari Lombok: 24ur.

Depositphotos Inc: luckybusiness 10mlu; tashka2000 48 – 49o.

Dreamstime.com: Amadeustx 124ul; Christophe Amerijckx 13o; John Anderson 162o; Arttikstock-photography 42mlu; Kairi Aun 116mlu; Kitchner Bain 95or; Florian Blümm 153mu; Shariff Che\' Lah 125ol; Christophefaugere 175ur; Tomas Ciernik 160u; Cmeili87 33m; Cocosbounty 83ur, 102u, 165um; Dvrcan 98 – 99o; Feathercollector 149mro; Aqnus Febriyant 74u; Oliver Förstner 123or; Elizaveta Galitskaya 94 – 95u; Galjan 116u, 119o; Bradley Hay 157ml; Idmanjoe 118ml; Dmitry Islentyev 51mo; Joyfull 80 – 81o; Elena Krutikova 43u; Leoraduga 174 –175o; Lev Levin 119um; Edmund Lowe 35mru, 49ur, 50 – 51o; Denis Moskvinov 4; Christian Nilsen 175om; Jon Chica Parada 181o; Tomas Pavlasek 44 – 45u; Marek Poplawski 154 –155; Anthony Prince 187ol; Ruengrit 30o; Oktobernardi Salam 23or, 148; Softlightaa 19, 168 –169; Somma695 68ul; Nikolai Sorokin 164mlu; Hiroshi Tateishi 125or; Telnyawka 159mr; Matthew Train 6 – 7; Venemama 126o; Visualism Studio 36or; Andra Wayan 133or; Weltreisendert 123mr; Wonderful Nature 84ol; Tayfun Sertan Yaman 149mru.

Getty Images: AFP/Jewel Samad 59mr, /Sonny Tumbelaka 53or, /STR 59ur; Bettmann 56mlu; Raung Binaia 142 –143u; Larry Burrows 58um; Culture Club 54mru; Fadil Aziz/Alcibbum Photography 189o; Michele Falzone 18mu, 134, 144 –145; John Florea 57or; Isa Foltin 167or; IN2 Focus Media 188u; Moment/@ Didier Marti 78 – 79o; Justin Ong 53ur; Agung Parameswara 52mlo; raditya 178 – 179o; James R.D. Scott 177or; simonlong 58 – 59o; Terence Spencer 58ol; Maria Swärd 186 –187u; Andrew TB Tan 22 – 23mo; torstenvelden 120 – 121o; Maya Vidon-White 59mlu; Alfian Widiantono 172mro, 182 –183u.

iStockphoto.com: AlenaPaulus 176mro; asiafoto 131ol; Bicho_raro 88 – 89o; Valery Bocman 121mru; Em Campos 48 – 49u; CEphoto, Uwe Aranas 81ur; ChanwitOhm 45or; Csondy 10 –11u; Andrey Danilovich 8 – 9; dislentev 83o; DKart 17, 90 – 91; enviromantic 34u; ErmakovaElena 190 –191; Goddard_Photography 131mlo; ifew 32u; joakimbkk 32ol; johan10 57um; jon11 46 – 47o; KellyOla 34mro; KitHamilton 149mlu; LadyBird89 8ml; laughingmango 8mlu; mahos 96o; mahroch 28o; manjik 16, 62 – 63; master2 69mro, 72 – 73u; MelanieMaya 30mlu; miralex 119ur, 128ul; Myslitel 33ur; NicoElNino 11ur; Nikada 97mro; PrinPrince

172ul; raung 8mlo, 33ol; RibeirodosSantos 60–61; Iuliia Serova 66or; Shrekton 13mr; steffie82 183or; swissmediavision 38–39o; Aleh Varanishcha 30ur.

Mowie's: 26–27mo.

Picfair.com: Theodora 53ml.

Shutterstock: EPA/Made Nagi 53mr; Elizaveta Galitckaia 54ul; Guitar photographer 166–167u; R.M. Nunes 11o; Tebha Workspace 53ul.

Robert Harding Picture Library: G & M Therin-Weise 125mlo, 154um.

SuperStock: age fotostock/Carol Buchanan 95ol, /Jan Wlodarczyk 20mr, /Leonid Serebrennikov 12mlu, /Manfred Gottschalk 51ur; Axiom Photographic/Design Pics/Peter Langer 28mru; Cultura Limited 176–177u; imageBROKER/Moritz Wolf 52mro; Mauritius 149ml.

Ubud Writers & Readers Festival: Anggara Mahendra 52mru.

Umschlag
Vorderseite und Buchrücken: **Dreamstime.com:** Benjawan Sittidech.
Rückseite: **Alamy Stock Photo:** Michele Falzone mlo; **Getty Images:** Moment/Nora Carol Photography u; **iStockphoto.com:** joakimbkk o.

Alle anderen Bilder © Dorling Kindersley

MIX
Papier | Fördert gute Waldnutzung
FSC® C018179
FSC www.fsc.org

Dieser Reiseführer wird regelmäßig aktualisiert. Angaben wie Telefonnummern, Öffnungszeiten, Adressen, Preise und Fahrpläne können sich jedoch ändern. Der Verlag kann für fehlerhafte oder veraltete Angaben nicht haftbar gemacht werden. Für Hinweise, Verbesserungsvorschläge und Korrekturen ist der Verlag dankbar. Bitte richten Sie Ihr Schreiben an:

Dorling Kindersley Verlag GmbH
Redaktion Reiseführer
Arnulfstraße 124 • 80636 München
reise@dk.com

DK | Penguin Random House
www.dk-verlag.de

DK London (aktualisierte Neuauflage)

Mitwirkender Marco Ferrarese

Lektorat Georgina Dee, Alison McGill, Parnika Bagla, Rebecca Flynn, Anuroop Sanwalia, Halima Mohammed, Beverly Smart, Shikha Kulkarni, Hollie Teague

Gestaltung und Bildredaktion Maxine Pedliham, Ben Hinks, Vinita Venugopal, Bandana Paul, Vagisha Pushp, Taiyaba Khatoon, Tanveer Zaidi, Priyanka Thakur

Umschlag Jordan Lambley

Herstellung Jason Little, Samantha Cross

Kartografie Subhashree Bharati, Suresh Kumar

Illustrationen Anuar Bin Abdul Rahim, Denis Chai Kah Yune, Chang Huai-Yan, Choong Fook San, Koon Wai Leong, Lee Yoke Ling, Poo Lee Ming, Thomas Sui, Peggy Tan, Yeap Kok Chien

Zuerst erschienen 2001 in Großbritannien bei Dorling Kindersley Ltd., London

Aktualisierte Neuauflage 2023 / 2024

Verlagsleitung Monika Schlitzer, DK Verlag
Programmleitung Heike Faßbender, DK Verlag
Redaktionsleitung Stefanie Franz, DK Verlag
Projektbetreuung Theresa Fleichaus, DK Verlag
Herstellungskoordination Antonia Wiesmeier, DK Verlag

Übersetzung Susanne Traub-Schweiger, Garmisch-Partenkirchen; Dr. Gabriele Rupp, Krailling
Redaktion Dr. Gabriele Rupp, Krailling
Schlussredaktion Monika Hensley, Köln
Umschlaggestaltung Ute Berretz, München
Satz und Produktion DK Verlag, München
Druck TBB a.s., Slowakei

ISBN 978-3-7342-0761-7

13 14 15 16   26 25 24 23

A
B
C
Bali
Balisee
Menjangan
Gunung Prapat Agung
Labuhan Lalang
Pemuteran
Pantai Gondol
Kal
Gilimanuk
Pura Pulaki
Makam Jayaprana
Cekik
Gerokgak
Seririt
Banjar
Blimbingsari
Taman Nasional Bali Barat
Palasari
Busungbiu
Melaya
Ijo Gedang
JEMBRANA
Candi Kusuma
Negara
Rening
Mendoyo
Medewi Beach
Asahduren
Pengambangan
Perancak
Pura Rambut Siwi
Pekutatan
Balistraße
Surabrata (Balian Beach)
1
2
3
Lombok
Anyar
Kayangan
Segenter
Obel-obel
Bayan
Gili Meno
Gondang
Tiu Pupas
Sajang
Gili Trawangan
Gili Air
Krakas
Senaru
Tanjung
Sambelia
Gili-Inseln
Bangsal
Danau Segara Anak
Sembalun
Pemenang
Sengkurik
Bentek
Taman Nasional Gunung Rinjani
Semaya
Sapit
Senggigi
LOMBOK
Labuhan Lombok
Kekait
Suwela
Batu Bolong
Tetebatu
Lingsar
Pringgabaya
Ampenan
Pringgasela
Aikmel
Lombokstraße
Cakranegara
Mataram
Sweta
Narmada
Mantang
Loyok
Masbagik
Korleko
Gunung Pengsong
Banyumulek
Kopang
Terara
Sikur
Selong
Ubung
Bali
Sukarara
Südwestliche Gili-Inseln
Gerung
Labuhan Haji
Bangko Bangko
Praya
Lembar
Penujak
Labuhan Poh
Mujur
Sekotong
Keruak
Lombok International
Tanjung Luar
Pelangan Barat
Sekotong Tengah
Sengkol
Alasstraße
Sagikmateng
Mecanggah
Rembitan
Sade
Sepi
Tanjung Aan
Kuta
Selong Belanak
Pengorosdalam
Gerupuk
Mawun Beach
Desert Point
4
5
6
0 Kilometer 20
N
Indischer Ozean
Bali